Österreich –
Land der begrenzt
Unmöglichkeiten

D1877234

Karl Pisa

Österreich – Land der begrenzten Unmöglichkeiten

Deutsche Verlags-Anstalt
Stuttgart

Für meine Enkel

CIP-Kurztitelaufnahme der Deutschen Bibliothek

Pisa, Karl:
Österreich : Land d. begrenzten
Unmöglichkeiten / Karl Pisa. –
Stuttgart : Deutsche Verlags-Anstalt, 1985.
ISBN 3-421-06292-7

© 1985 Deutsche Verlags-Anstalt GmbH, Stuttgart
Alle Rechte vorbehalten
Typographische Gestaltung: Corinna Schneider
Gesamtherstellung: Friedrich Pustet, Regensburg
Printed in Germany

Inhalt

VORWORT

Über die Notwendigkeit, das Staunen nicht zu verlernen

Das erste Erlebnis, vielleicht ist es überhaupt das Erlebnis par excellence, ist das Staunen darüber, daß die Welt existiert.
Ludwig Wittgenstein

Was von Dauer ist, verleitet dazu, es als selbstverständlich, keiner Erklärung und Begründung bedürftig zu betrachten. Österreich in seiner heutigen Form erscheint vielen bereits als Dauerzustand: der jungen Generation deshalb, weil die Ausrufung der Zweiten Republik und die ersten freien Wahlen im Jahre 1945, die Unterzeichnung des Staatsvertrages und die Erklärung der immerwährenden Neutralität im Jahre 1955 für sie bereits Geschichte sind; und der Generation der Ältesten, weil vor dem Szenenwechsel der 31 Jahre zwischen 1914 und 1945 mit zehn Jahren Krieg und nur sechzehn Jahren einer problematischen Demokratie die vierzig Jahre der Zweiten Republik die Perspektive der Dauer gewinnen. Doch Österreich als ein kleiner, von seiner Lebensfähigkeit überzeugter Staat und als eine weder von innen noch von außen ernsthaft in Frage gestellte demokratische Republik sollte seine Bürger nicht – und auch nicht seine Besucher und Nachbarn – dazu verleiten, die heutige politische Existenzform dieses Landes als Selbstverständlichkeit zu betrachten. Es ist nicht selbstverständlich, daß nur in Österreich und sonst in keinem anderen Nachfolgestaat der alten Monarchie seit 1945 ununterbrochen freie Wahlen stattfinden konnten, daß Österreich 1955 von den westlichen Besatzungstruppen und der Roten Armee geräumt wurde oder daß Österreich durch seine Sozialpartnerschaft seit 1950 von Streiks so gut wie verschont blieb. Es braucht aber auch nicht als Selbstverständlichkeit hingenommen zu werden, wenn in dieser Republik neben dem großen Erbe der Monarchie noch etwas von ihrem Untertanengeist weiterlebt, wenn sich die zwei großen politischen Lager das Volk unter sich zu teilen versuchen oder der Staat als Unternehmer eine größere Rolle spielt als in allen westlichen Demokratien. Es sollte nicht als selbstverständlich angesehen werden, daß Österreich für seine militärische Neutralität nur den halben Preis der Schweiz zahlt oder daß die Österreicher ihre Regierungsform nicht wählen und Gesetze gegen den Willen der Regierungsmehrheit weder verhindern noch ablehnen können. Und schon gar nicht darf es zur Selbstverständlichkeit werden, wenn an die Stelle der weltweit bewunderten Fähigkeit der Österreicher, in der Nachkriegszeit ihre Zukunft zu meistern, in den Jahren des wachsenden Wohlstandes die Versuchung getreten ist, auf Kosten der Zukunft zu leben.

Österreichs Schicksal bleibt eine Herausforderung, auf die immer wieder eine neue Antwort zu geben ist, inspiriert von einer Geschichte, die lehrt, daß innerhalb der Grenzen dieses Landes auch unmöglich Erscheinendes möglich war. Der Blick zurück auf die geschichtlich erstarrte Form vergangenen Lebens gewinnt nur Sinn, wenn er nicht aus dem Auge verliert, daß die zukünftige Geschichte noch etwas Lebendiges, in Grenzen auch von den Bürgern eines kleinen Landes Mitzugestaltendes ist. Die Notwendigkeit, das Staunen nicht zu verlernen, gewinnt aus der Geschichte dieses Wortes eine doppelte Bedeutung: »Stunen« bedeutete im Alemannischen »träumend vor sich hinblicken«, im Mittelniederdeutschen aber auch »sich widersetzen«. So muß der Blick nach vorne gerichtet bleiben auf das, was im Augenblick vielleicht nur erträumt, aber eines Tages doch zur Wirklichkeit werden kann, und ebenso auf das, was als unvermeidliche Wirklichkeit erscheint und doch nicht zur Wirklichkeit werden muß, wenn man sich ihm zu widersetzen wagt. »Die Geschichte unterrichtet zwar ständig, findet aber nur selten Schüler«, schrieb die österreichische Dichterin Ingeborg Bachmann. Die ältere Generation hat in der ersten Hälfte des 20. Jahrhunderts die Erfahrung machen müssen, daß die Geschichte auch zur Schule des Grauens werden kann. Der jüngeren Generation sollte eine solche Schule erspart bleiben. Mehr als die Hoffnung, überhaupt Zukunft vor sich zu haben, besaß auch die ältere Generation oft nicht. Mehr als den Rat, das Staunen nicht zu verlernen, um sich nicht zu spät wundern zu müssen über die Folgen eigenen Tuns oder Lassens, kann sie der jüngeren nicht geben.

Was jenseits der Grenzen Österreichs unmöglich war

1. KAPITEL

Freie Wahlen – eine Übung, die in keinem Nachfolgestaat der Habsburgermonarchie beibehalten wurde

Österreichs Grenzen im Osten und Norden gleichen nicht denen im Westen und Süden. Das ist nicht nur ein Werk der Natur. Wo hohe Gebirge das Trennende betonen, sind nach 1945 die Paßstraßen verbreitert worden, und wo die Tiefebene das Verbindende betonte, sind nach 1945 Stacheldrahthindernisse errichtet worden. In beiden Fällen waren Menschen am Werk, die diesseits und jenseits der österreichischen Grenze nach dem Osten und Norden nicht im gleichen Maße Herren ihrer selbst waren. Wie sehr sich im 20. Jahrhundert die politische Landschaft dieses Raumes verändert hat, lehrt ein Blick auf die Landkarte der alten Monarchie. Bis 1918 lagen von den heutigen Staaten Österreich, Ungarn und die Tschechoslowakei zur Gänze innerhalb der Grenzen der damaligen österreichischen Kronländer. Aber auch noch verschieden große Teile des nördlichen Italiens, des Westens von Jugoslawien und Rumänien und des Südens von Polen gehörten bis zum Ende des Ersten Weltkriegs zu diesem Vielvölkerstaat. Betrachten wir seinen Raum im Zeitraffer: Nach 1918 kam es zur Aufsplitterung; Wien wurde zur Hauptstadt einer kleinen Republik, Budapest und Prag wurden Hauptstädte eigener Staaten, und Belgrad avancierte zur Hauptstadt eines größeren Staates, als es Serbien gewesen war. Zwanzig Jahre später hinterließ Hitlers Eroberungspolitik zuerst 1938 in Wien, dann 1939 in Prag und Warschau und 1941 in Belgrad ihre kurzlebige, wenngleich narbenreiche Spur, der man seit 1940 auch in Budapest und Bukarest folgte. Seit 1944 aber begann der Film der deutschen Vormachtstellung in diesem Raum immer rascher rückwärts zu rollen. Als am 13. April 1945 in Moskau Salut geschossen wurde, hatte die Rote Armee nach Bukarest und Budapest auch Wien erobert und die Sowjetunion war zur Vormacht dieses Raumes geworden.

Militärisch waren damit die Würfel gefallen. Politisch aber rollten sie auch nach dem Tag des Waffenstillstandes noch weiter. In Budapest, Prag und Warschau bis zum Jahre 1948 in Richtung einer kommunistischen Einparteienherrschaft im Bannkreis Moskaus und im gleichen Jahr in Belgrad nach dem Bruch mit Moskau in Richtung eines eigenen Weges zum Kommunismus. In Österreich aber fielen die Würfel schon im Jahre 1945 in Richtung einer Demokratie nach westlichem Vorbild, auch wenn die Besetzung des Landes erst zehn Jahre später beendet werden sollte. Die schicksalhafte Entscheidung über die österreichische Ausnahme von der Regel der Vorherrschaft kommunistischer Parteien in allen Nachfolgestaaten der alten Monarchie und im Osten Deutschlands erfolgte in der kurzen Zeitspanne von nicht ganz acht Monaten: zwischen dem 5. April, als der erste Staatskanzler der Ersten Republik Dr. Karl Renner vom Politkommissar der 3. Ukrainischen Front Generaloberst A. S. Želtov den Auftrag erhielt, sich um die Bildung einer provisorischen Regierung zu bemühen, und dem 25. November, dem Tag, an dem nach fünfzehnjähriger Unterbrechung zum ersten Mal wieder freie Wahlen stattfanden. Wieso aber fielen die politischen Würfel in Österreich so bald und so ganz anders?

Die scheinbar schlüssigste Antwort, Österreich sei eben zum Unterschied von Ungarn, der Tschechoslowakei und anderen osteuropäischen Staaten auch von den westlichen

Alliierten besetzt worden, verführt zu einer unzulässigen Vereinfachung. Das Schicksal einer vierfachen Besetzung hatte Österreich auch mit Deutschland gemeinsam. Die Möglichkeit freier Wahlen bestand 1945 ebenso in Ungarn und in der Tschechoslowakei. Und die vorerst nur von den Sowjets anerkannte und in ihrer Besatzungszone agierende provisorische Regierung Österreichs hätte auch ein Provisorium bleiben und die Keimzelle einer Entwicklung wie in der Sowjetzone Deutschlands bilden können. Die seither zur Selbstverständlichkeit gewordenen freien Wahlen waren 1945 keineswegs ein Österreich vorbestimmtes Schicksal: Entwirrt man die Fäden, die zu diesem Muster zusammengefunden haben, so entdeckt man, daß neben dem beharrlichen Streben nach der Errichtung einer demokratischen Ordnung auch der Zufall, die Selbsttäuschung, die Fehleinschätzung und das Scheitern bestimmter Pläne ihre Rollen spielten.

In ihrer »Erklärung über das befreite Europa« versprachen Churchill, Roosevelt und Stalin im Februar 1945 in Jalta den befreiten Völkern Europas, sie gemeinsam bei der Schaffung vorläufiger Regierungsgewalten zu unterstützen, die verpflichtet sein sollten, »zum ehestmöglichen Zeitpunkt auf dem Wege freier Wahlen Regierungen zu errichten, die dem Volkswillen entsprechen«. Dolf Sternberger, der in »Grund und Abgrund der Macht« die Nichteinlösung dieses Versprechens im Machtbereich Stalins analysiert, präzisiert am Beispiel des nie verwirklichten Planes einer gesamtdeutschen Wahl die nachher offenkundig gewordene Streitfrage: ob nämlich eine solche Wahl »einen originären und konstitutiven Akt bilden sollte – wie die Westmächte wollten – oder aber eine nachträgliche Veranstaltung, welche eine zuvor schon etablierte Regierungsgewalt nach ihrem Sinn zu einer ihr genehmen Zeit organisieren würde – wie ganz offenkundig die Russen wollten«. Der Streit ging hier, so wie zuvor in Polen um die »Provisorische Regierung«, um die Frage, »ob eine auf irgendeine Weise im vorhinein installierte Macht ... schließlich am Ende noch durch einen Vorgang nach Art einer Wahl eine förmliche Legitimierung erhalten oder aber, ob eine legitime Macht gleichsam mit einem Schlage geschaffen werden solle«. Stalins Unterschrift ließ, das lehrte uns inzwischen die Geschichte, Zeitpunkt und »Art« solcher Wahl offen.

Als die Rote Armee am 29. März 1945 die österreichische Grenze überschritt, wollte die Sowjetunion nicht nur das militärische, sondern auch das politische Gesetz des Handelns in der Hand behalten. Stalin erkundigte sich in diesen Tagen im Hauptquartier der sowjetischen Streitkräfte nach dem Verbleib des österreichischen Sozialdemokraten Dr. Karl Renner. Dieser nämlich brachte alle Voraussetzungen für eine Staatsgründung mit: Er war der erste Staatskanzler der Ersten Republik, Leiter der österreichischen Friedensdelegation in St. Germain und 1933 der letzte Präsident eines aus freien Wahlen hervorgegangenen Nationalrates gewesen. Stalin gab der 3. Ukrainischen Front den Auftrag, nach Renner zu forschen. Österreichs Hauptstadt Wien, in der sich Stalin zuletzt im Januar 1913 aufgehalten hatte, war nun für die Rote Armee in so greifbare Nähe gerückt, daß es auch die Möglichkeit der politischen Weichenstellung für dieses Land ins Auge zu fassen galt.

Renner lebte seit 1938 zurückgezogen in Gloggnitz, 77 Kilometer südlich von Wien, einem Ort, den die Rote Armee bereits am 1. April, dem Ostersonntag des Jahres 1945, erreichte. Renner sorgte von sich aus dafür, daß Stalins Auftrag rasch erfüllt werden konnte. Entschlossen, sich für die Wiedererrichtung des Staates Österreich zur Verfügung zu stellen, bereitete der im 75. Lebensjahr stehende Renner Übersetzungen seiner Absichtserklärung in englischer, französischer und lateinischer Sprache vor und wandte sich zuerst an die sowjetische Ortskommandantur. Als ein »stattlicher

Greis in strengem schwarzen Anzug« wurde er am 3. April beim Stab der 103. Gardeschützendivision als der gesuchte Renner erkannt. Der Kriegsrat der 3. Ukrainischen Front meldete dies unverzüglich nach Moskau und erhielt von Stalin die telegrafische Weisung, Renner zu unterstützen. Bereits am 5. April wurde Renner im Hauptquartier der 9. Gardearmee in Hochwolkersdorf von Generaloberst Želtov empfangen. Die Rolle, die zu spielen sich Renner zutraute, und die Rolle, die ihm Stalin zugedacht hatte, schienen sich bei oberflächlicher Betrachtung zu decken. Er traue sich auf Grund seiner bisherigen Leistungen zu, den vom Faschismus zerstörten Staat mit Verfassung und Verwaltung in leitender Stellung wieder aufzubauen, erklärte Renner Želtov, von dem er hörte, daß die Sowjets Österreich nicht annektieren, sondern lediglich vom Faschismus befreien wollten. Auffassungsunterschiede zeigten sich erst bei Details. So fand sich Renner nicht bereit, ein Memorandum an die Rote Armee zu adressieren, während Renners Vorschlag, sich sein Mandat zum Handeln von einer provisorischen Volksvertretung erteilen zu lassen, nicht den Vorstellungen der Sowjets entsprach. Sonst aber paßte Renner gut in das sowjetische Konzept der raschen Bildung einer österreichischen Regierung. Daran, daß Renner sich noch vor sieben Jahren öffentlich für den Anschluß Österreichs an Deutschland ausgesprochen hatte, nahmen die Sowjets keinen Anstoß. Und Renners hohes Alter ließ seine Betrauung mit dem höchsten Amt des neuen Staates eher als bequeme Übergangslösung erscheinen. Mit der Rüstigkeit des spitzbärtigen »Greises«, der in Gloggnitz stets eiskalt gebadet und mit Hanteln geturnt hatte, rechnete man ebensowenig wie mit seiner geistigen Beweglichkeit, die ihn nun das vierhundertseitige Manuskript eines »Weltbildes der Moderne« zur Seite legen und über Nacht acht Aufrufe verfassen ließ.

Was Renner dann am 15. April »Seiner Exzellenz Marschall Stalin« mit der zusätzlichen Anrede »Sehr geehrter Genosse« schrieb, war hingegen trotz scheinbarer Fehlleistungen genauer kalkuliert. Renner erwähnte nicht nur, daß er für viele vor dem Zarismus flüchtende Genossen in seiner Wiener Wohnung den Quartiergeber gespielt, sondern auch, daß er mit Trotzki »durch die Jahre seines Wiener Aufenthaltes ständig verkehrt« hatte. Wichtiger als diese Hinweise auf die Zeit vor dem Ersten Weltkrieg aber mußten Stalin die drei letzten, sich auf die Zukunft beziehenden Sätze dieses Briefes erscheinen: »Das Vertrauen der österreichischen Arbeiterklasse insbesondere in die Sowjetrepublik ist grenzenlos geworden. Die österreichischen Sozialdemokraten werden sich mit der KP brüderlich auseinandersetzen und bei der Neugründung der Republik auf gleichem Fuße zusammenarbeiten. Daß die Zukunft des Landes dem Sozialismus gehört, ist unfraglich und bedarf keiner Betonung.«

Als Renner am 20. April in Wien eintraf, hatten sich die politischen Kräfte, die die Zukunft des Landes mitbestimmen sollten, bereits formiert. Sie kamen aus den beiden großen politischen Lagern der Ersten Republik, in der bei den letzten Wahlen des Jahres 1930 die Sozialdemokraten 41,1 und die Christlichsozialen 35,7 Prozent der Stimmen erhalten hatten. Nicht zu übersehen war aber auch, daß die aus Moskau und Jugoslawien eingeflogenen führenden Kommunisten nun eine größere Rolle spielten, die nicht mit den 0,6 Prozent der Stimmen der Kommunistischen Partei bei den letzten Wahlen einzuschätzen war. Bereits am 12. April war noch während der Kampfhandlungen ein im Vergleich zu Renner fast unbekannter Mann von Sowjetoffizieren aus dem Keller seines Wiener Wohnhauses geholt worden: der im 43. Lebensjahr stehende Ing. Leopold Figl, der erst am 6. April ausgemergelt und kahlgeschoren aus der Todeszelle des Wiener Landesgerichtes entkommen war. Sieben Jahre zuvor, am 1. April 1938, war er mit dem ersten Transport nach Dachau gebracht und nach zweiundsechzigmonatiger Haft entlassen worden. Nach einem Geheimtreffen am 4. Mai 1944, bei dem über die Wiedererrichtung des Bauernbundes beraten worden war, hatte ihn die Gestapo erneut verhaftet und nach pausenlosen Verhören im Konzentrationslager Mauthausen zur Aburteilung nach Wien überstellt.

Die katastrophale Ernährungslage Wiens ließ Sowjetmarschall Tolbuchin noch vor seinem Zusammentreffen mit Renner am 20. April nach einem Mann Ausschau halten, der geeignet wäre, die Lebensmittelversorgung der Stadt zu organisieren. Der KZ-Häftling Figl, der 1933 als niederösterreichischer Bauernbunddirektor für über hunderttausend Bauern zuständig gewesen war, kam da wie gerufen. Noch hatte Wien keine Verwaltung und Österreich keine Regierung, als Figl bereits im Bauernbundhaus in der Wiener Schenkenstraße zu amtieren begann.

Renner und Figl bildeten im Laufe des Jahres 1945 die zwei Brennpunkte einer Ellipse, die näher zusammenrückend den Kreis der Ereignisse von der Bildung der provisorischen bis zur Bildung der frei gewählten Regierung schlossen. Als Renner über die Bildung einer provisorischen Regierung zu verhandeln begann, existierte bereits die am 14. April konstituierte Sozialistische Partei mit Dr. Adolf Schärf an der Spitze und die am 17. April konstituierte Österreichische Volkspartei, der Leopold Kunschak vorstand. Es gab aber auch seit dem 17. April bereits das Dreiparteienmodell einer provisorischen Wiener Stadtverwaltung mit dem Sozialisten und ehemaligen k. u. k. General Theodor Körner als Bürgermeister und den Vizebürgermeistern Leopold Kunschak von der ÖVP und Rudolf Prikryl von der KPÖ. Auch Renner hatte die Absicht, diese drei politischen Lager zu Trägern der Regierungsverantwortung zu machen, als er nach Kontakten mit Schärf und dem ehemaligen christlichsozialen Finanzminister Kollmann am 21. April mit dem Kommunisten Ernst

Fischer zu verhandeln begann. Allerdings schwebte ihm ursprünglich ein anderes Kräfteverhältnis vor. Sozialisten, Volkspartei und Kommunisten sollten im Verhältnis 3:2:1 in der provisorischen Regierung vertreten sein, wobei auch noch der antifaschistische Teil des früheren Landbundes eine bürgerliche Konkurrenz zur Volkspartei bilden sollte. Die Forderung Fischers nach gleichrangiger Vertretung der Kommunisten in einem Präsidium und nach zwei Schlüsselministerien für die Kommunisten glaubte Renner, der sich als Beauftragter der Sowjetunion fühlte, ablehnen zu können. Fischer aber konnte darauf pochen, daß die Anerkennung dieser Regierung durch die sowjetische Besatzungsmacht wohl nicht ohne Zustimmung der Kommunisten erfolgen könnte. Ein Versuch der österreichischen Kommunisten, Renners Position in Moskau zu erschüttern, schlug zwar fehl, aber ihre eigene Position war dennoch stark genug, um die am 23. April erfolgte Einigung über eine Dreiparteien-Regierung von der Einhaltung einer Drittelparität abhängig zu machen. Der Plan zur Wiedereinberufung von Parlamentariern der Ersten Republik wurde von Renner fallengelassen. Die provisorische Regierung war Exekutive und Legislative zugleich. In einem Kabinettsrat waren die Kommunisten gleichrangig vertreten. Außerdem mußten ihnen das Innenministerium und das Unterrichtsministerium zugestanden werden. Das war gleichbedeutend mit der Polizeigewalt, die in 16 von 21 Wiener Bezirken bereits von kommunistischen Kommandanten ausgeübt wurde, und mit einer Auffassung vom Unterrichtsressort, die in der Bezeichnung Fischers als »Staatssekretär für Volksaufklärung, Unterricht und Erziehung und für Kulturangelegenheiten« zum Ausdruck kam.

Die Position Renners als Staatskanzler war auf Grund seiner reichen Erfahrung und der fehlenden Notwendigkeit, Beschlüsse eines nicht existierenden Parlaments zu vollziehen, eine überragende – doch faktisch von der letzten Instanz der sowjetischen Besatzungsmacht abhängig. Denn als diese Staatsregierung am 29. April konstituiert wurde, erstreckte sich ihr Wirkungsbereich nur auf den östlichsten, von der Roten Armee besetzten Teil Österreichs mit Wien und Eisenstadt als einziger Landeshauptstadt, während in den übrigen acht Landeshauptstädten noch Gauleiter ihre Befehle gaben. Indirekt hatte dies auch Einfluß auf die Rolle Figls in dieser provisorischen Regierung. Im Kabinettsrat hätten die Sowjets gerne den im 74. Lebensjahr stehenden christlichsozialen Arbeiterführer der Ersten Republik Leopold Kunschak als ersten Exponenten der Volkspartei gesehen. Da dieser keinesfalls in die Regierung wollte und eine Nominierung des Generalsekretärs der ÖVP Dr. Felix Hurdes dessen noch bei der Deutschen Wehrmacht befindlichen Bruder hätte gefährden können, kam Leopold Figl zum Zuge. Als Staatssekretär wurde er zur Personifizierung des nichtmarxistischen Gegengewichtes gegen die Zweidrittelmehrheit der Sozialisten und Kommunisten in dieser Regierung. Gemildert wurde dieses nur noch durch einen verschachtelten Proporz, auf den in der Regierungserklärung vom 28. April ausdrücklich Bezug genommen wurde: »Die Gesamtregierung ist aus Vertretern aller antifaschistischen Parteien zusammengesetzt, und auch jedes Staatsamt wird, wenn es auch unter Führung des Staatssekretärs einer Richtung steht, von Unterstaatssekretären der anderen Richtung mitverwaltet – Parteilichkeit, Einseitigkeit und Willkür in der Verwaltung ist damit ausgeschlossen.« Mit dieser Formulierung versuchte man offensichtlich doch vorhandene Bedenken zu überspielen.

Überraschend an dieser Drittelparität war aber nicht nur die fiktive Stärke der Kommunisten, die jener der Sozialisten gleichgesetzt wurde, sondern auch die »Monopolstellung« der Österreichischen Volkspartei, die so als einzige jene Wählerschichten vertreten konnte, die im Gegensatz zu der von Renner gegenüber Stalin prognostizierten Entwicklung nicht im Sozialismus die Zukunft des Landes sehen wollten. In der Kabinettsliste vom 26. April hatte Renner neben Schärf für die SPÖ, Kunschak für die ÖVP und Koplenig für die KPÖ noch einen Platz für einen Vertreter des Landbundes offengehalten, der bei den Wahlen des Jahres 1930 immerhin 11,6 Prozent der Stimmen erhalten hatte. Doch Renners Hoffnung auf die Wiedererrichtung des Landbundes und damit auch die Aufsplitterung des »bürgerlichen« Lagers erfüllte sich nicht, und auch die sowjetische Besatzungsmacht, die in Deutschland neben der CDU eine liberale Partei begünstigte, ließ es mit der Anerkennung von drei Parteien bewenden. An Gründen, die dafür maßgebend gewesen sein könnten, ist sicher an erster Stelle die Unterschätzung der neugegründeten Österreichischen Volkspartei zu nennen. Daß die Zukunft des Landes dem Sozialismus gehören würde, schien durch eine solide Mehrheit von Sozialisten und Kommunisten gesichert, ganz abgesehen vom Plan eines Zusammenschlusses beider Parteien, den die Kommunisten – so wie in Ungarn, in der Tschechoslowakei und in Polen – beharrlich verfolgten. Aber auch der Legitimationsgrad der führenden Männer der Volkspartei, die wie ihr Bundesparteiobmann Leopold Figl und ihr Generalsekretär Felix Hurdes »ihr Bekenntnis zu Österreich in den Konzentrationslagern abgelegt« hatten, war sehr hoch, und der von ihnen geschaffene Typus einer sozialen Integrationspartei bot sich dem in der Ersten Republik zersplitterten nichtsozialistischen Lager als Sammelbewegung an.

Noch aber war Österreich kein einheitliches Staatsgebilde. Erst im Juli des Jahres 1945 nahm die sich aus dem Kriegsverlauf ergebende Besetzung Österreichs die Gestalt der dann fast für ein Jahrzehnt gültigen Besatzungszonen an: Die Franzosen besetzten außer Vorarlberg noch Tirol, die Amerikaner behielten Salzburg und Oberösterreich südlich der Donau, während die Russen ins nördliche Oberösterreich einzogen, aus der Steiermark retirierten und in Niederösterreich und im Burgenland blieben. Zugleich besetzten die Engländer außer Kärnten auch noch die Steiermark, während die Tito-Partisanen die südlichen Teile Kärntens und der Steiermark räumten. In das bisher nur sowjetisch besetzte Wien zogen die drei westlichen Alliierten ein, wobei die Innere Stadt unter die gemeinsame Verwaltung aller vier Besatzungsmächte kam. Der historische Kern der Stadt mit dem Stephansdom als Mittelpunkt bildete so gleichsam eine Verheißung der Unteilbarkeit des Landes.

Am 18. August befaßte sich eine erste Länderkonferenz der von den westlichen Alliierten besetzten Bundesländer in Salzburg »mit der Tatsache, daß die Provisorische Regierung Dr. Renner bis dahin nur von der Sowjetregierung anerkannt wurde«, und beschloß, »mit der Wiener Regierung in Fühlung zu treten und ihre Erweiterung durch Vertrauensmänner der westlichen Zonen zu verlangen«. Dabei ließ man keinen Zweifel über die damit verbundene Absicht, den kommunistischen Anteil an der Regierung zu vermindern.

Der Alliierte Rat, der am 11. September in Wien zum ersten Mal zusammengetreten war, billigte am 20. September den von Staatskanzler Renner unterbreiteten Vorschlag, für den 24. September eine Länderkonferenz nach Wien einzuberufen. Bei dieser von Figl eröffneten Konferenz erinnerte Renner daran, daß die vorerst für das ganze Land handelnde Regierung schon am 1. Mai ihre Absicht bekundet hatte, »nach Maßgabe der fortschreitenden Befriedung des Landes aus den hinzukommenden Gebieten Ergänzung oder Ersatz« zu finden. Durch eine Umbildung der provisorischen Regierung als Voraussetzung ihrer Anerkennung durch die westlichen Alliierten und durch den Beschluß, noch im Jahre 1945 in Österreich Neuwahlen für den Nationalrat und die Landtage vorzubereiten sowie die erforderliche Zustimmung der interalliierten Kommission einzuholen, erfolgte die entscheidende Weichenstellung. Die treibende Kraft war in beiden Fällen die Österreichische Volkspartei, die traditionell in den westlichen Bundesländern ihren stärksten Rückhalt besaß. Als ihr Sprecher ließ Dr. Karl Gruber keinen Zweifel darüber, daß »die gegenwärtige Regierung in keiner Weise den Volkswillen repräsentiert«, und forderte, daß »jeder undemokratische Einfluß« auf die für die nächste Zeit beschlossenen Wahlen ausgeschaltet werden müsse.

Es kam zu einer harten Auseinandersetzung mit den kommunistischen Mitgliedern der provisorischen Regierung, die ihre Partei als »aufbauende und mitgestaltende Staatspartei« darstellten, aber auch mit dem Druck der Straße drohten. Erst einem Vermittlungsvorschlag des Sozialisten Dr. Ernst Koref gelang es, ein Scheitern der Konferenz zu verhindern. In die erweiterte provisorische Regierung unter dem Staatskanzler Renner zog als Unterstaatssekretär für auswärtige Angelegenheiten Karl Gruber ein, und im Staatsamt für Inneres, das vom Kommunisten Franz Honner geleitet wurde, erreichte die ÖVP durch zwei Unterstaatssekretäre neben einem sozialistischen Unterstaatssekretär die Parität mit den Linksparteien. In der zur Vorbereitung und Durchführung der Wahlen dienenden Kommission unter dem Vorsitz des neuen Unterstaatssekretärs der ÖVP Dr. Josef Sommer, die ihre Beschlüsse einhellig zu fassen hatte, waren ÖVP und SPÖ durch je zwei Mitglieder und die KPÖ mit einem Mitglied vertreten.

Am 1. Oktober 1945 empfahl der Alliierte Rat den Regierungen der vier Besatzungsmächte die Anerkennung der umgebildeten provisorischen Regierung, die bereits am 20. Oktober erfolgte. Die Bedeutung dieser Beschlüsse wird auch vor dem Hintergrund der polnischen Entwicklung erkennbar. So berichtete Churchill von der Potsdamer Konferenz, die am 2. August 1945 endete, daß Stalin dort seinen Partnern zugestanden habe, es wäre natürlich besser, wenn man in Polen eine Regierung habe, die aus Wahlen hervorgegangen wäre. In der Folge anerkannten die westlichen Alliierten die aus dem sogenannten Lubliner Komitee hervorgegangene provisorische Regierung Polens unter Bierut nach Einbeziehung prominenter Mitglieder der polnischen Exilregierung. In Polen, wo es 1945 noch sechs anerkannte Parteien gegeben hatte, fanden die ersten Wahlen jedoch erst mitten im Winter des Jahres 1947 am 14. Januar statt. Der sogenannte Demokratische Block erzielte dabei 80 Prozent. Die ultimativ zum Beitritt zu diesem Block aufgeforderte Bauernpartei durfte nur 296 Beobachter in die insgesamt 5200 Wahlkommissionen entsenden . . .

In Österreich wurde man sich über den Zeitpunkt der Wahlen bald einig: Der 25. November entsprach zwar nicht ganz der Forderung der Volkspartei nach »ehesten« Wahlen, und manche fürchteten eine geringere Beteiligung bäuerlicher Wähler; doch die Bauernregel für diesen Tag – »Zu Kathrein stellt den Tanz ein« – bekam aus dem Munde Figls auch für städtische Wähler einen politischen Unterton. Nur in der Frage der Wahlberechtigung der ehemaligen Nationalsozialisten gab es bei der Länderkonferenz am 9. und 10. Oktober grundsätzliche Meinungsverschiedenheiten. Sozialisten und Kommunisten, die sich in dieser Frage abgesprochen hatten, stellten sich auf den Standpunkt der Kollektivschuld. Unter Zeitdruck und um die Zusammenarbeit nicht zu gefährden, beugte sich die Volkspartei der Forderung, auch den unter Zwang oder aus anderen entschuldbaren Motiven zu Mitläufern der NSDAP gewordenen Österreichern das Wahlrecht zu entziehen. Das erweiterte noch den Spielraum für die Spekulationen über das mögliche Wahlergebnis. Die letzten Wahlen im Jahre 1930 gaben bestenfalls durch die damalige Stärke der Sozialdemokraten mit 41,1 Prozent und der Christlichsozialen mit 35,7 Prozent der Stimmen einen Anhaltspunkt. Doch 1930 hatten acht Parteien sich um die

Stimmen der Wähler beworben, und jetzt waren es in ganz Österreich nur drei. Inzwischen waren 15 neue Wählerjahrgänge hinzugekommen, gleichzeitig aber war die Zahl der Wahlberechtigten um 671 677 niedriger als 1930. Im Krieg Gefallene, noch nicht heimgekehrte Kriegsgefangene und nicht wahlberechtigte ehemalige Nationalsozialisten machten diesen Unterschied aus. Heute mögliche Formen der Prognosen waren noch unbekannt und wären in dem vom Krieg geprägten Land auch gar nicht durchführbar gewesen.

Selbst die mit den Verhältnissen im Lande Vertrauten vermochten deshalb das Ergebnis dieser Wahl kaum abzuschätzen. Dr. Adolf Schärf berichtete von der Befragung des SPÖ-Parteipräsidiums durch den sowjetischen Generalobersten A. S. Želtov. Dabei gab Schärf den voraussichtlichen Erfolg seiner Partei mit 40 Prozent der Stimmen an und meinte, daß eine absolute Mehrheit der SPÖ einen »unerwarteten Glücksfall« darstellen würde. Želtov wollte jedoch Genaueres wissen und kommentierte die Entschuldigung, man könne nur Vermutungen anstellen, mit einem etwas unwirschen »Ja, warum denn nicht?« Von den österreichischen Kommunisten hörten die Sowjets, was ihnen nach dem Wahlergebnis in der Tschechoslowakei nicht unglaubwürdig erschien, nämlich daß diese mit 25 und im Glücksfall mit 30 Prozent der Stimmen rechneten. Für die einzige bürgerliche Partei wären somit nur 35 oder auch noch weniger Prozent der Stimmen übriggeblieben. Nach Johannes Eidlitz, dem ersten Leiter des Organisationsreferates der ÖVP, traute man aber allgemein der SPÖ zu, daß sie mit 45 Prozent der Stimmen als stärkste Partei aus den Wahlen hervorgehen würde, gefolgt von der ÖVP mit 40 Prozent, was eine Stärke der Kommunisten von immerhin 15 Prozent und nahezu eine Zweidrittelmehrheit der beiden nach kommunistischer Absicht zur Vereinigung bestimmten Arbeiterparteien zur Folge gehabt hätte.

Das tatsächliche Wahlergebnis wich mit 49,8 Prozent für die ÖVP, 44,6 Prozent für die SPÖ und nur 5,4 Prozent für die KPÖ – 0,2 Prozent entfielen auf eine nur in Kärnten kandidierende Partei – in zwei Fällen ganz erheblich von diesen Voraussagen ab. Auch rückblickend sind zu den Ursachen dieses Wahlergebnisses nur tastende Erklärungen möglich. Tatsache freilich ist, daß 1945 von 100 Wählern 64 Frauen waren, die zum Teil gleichsam stellvertretend für ihre gefallenen, noch in Kriegsgefangenschaft befindlichen oder als Mitläufer nicht wahlberechtigten Männer ihre Stimmen abgaben. Die neu gegründete Volkspartei, die den Teufelskreis politischer Verfolgung durch eine Politik der Versöhnung durchbrechen wollte, sprach die Frauen stärker an als Parteien mit einer Klassenkampfideologie. Der Versuch, die Frauen von Kriegsgefangenen zu gewinnen, indem man – wie auf einem Wahlplakat der SPÖ – den Austausch dieser Kriegsgefangenen gegen in der Heimat befindliche Nazis forderte, erwies sich als zweischneidig. Mit der kommunistischen Parole »In der Einheit liegt die Zukunft« sozialistische Wähler anzusprechen, erwies sich gleichfalls als Fehlspekulation, da doch die SPÖ die kommunistischen Vereinigungspläne ablehnte, während die Rolle der ÖVP als Gegengewicht auf diese Weise noch unterstrichen wurde. Am wenigsten konnten erhöhte Papierzuteilungen der sowjetischen Besatzungsmacht an die KPÖ wettmachen, was ein Plakat unbekannter Herkunft mit den Worten »Wer die Rote Armee liebt, wählt kommunistisch« auszudrücken versuchte.

Auch ohne die heute üblichen Wählerstromanalysen ließ sich erkennen, was die Österreicher bei dieser Schicksalswahl in erster Linie bewegte: Sie wollten, eben erst einer Einparteienherrschaft entronnen, nicht erneut unter eine Einparteienherrschaft geraten. So schlug, genaugenommen, erst an diesem 25. November 1945 die Geburtsstunde der österreichischen Demokratie. Am 19. Dezember 1945 konstituierte sich der neu gewählte Nationalrat mit 85 ÖVP-, 76 SPÖ- und nur vier KPÖ-Abgeordneten mit Leopold Kunschak als Präsidenten. Am nächsten Tag wählte die Bundesversammlung Renner zum Bundespräsidenten, und am übernächsten Tag stellte der neue Bundeskanzler Figl dem Parlament seine Regierung vor. Außer Figl gehörten ihr noch sechs Minister und ein Staatssekretär der ÖVP, Vizekanzler Schärf, vier Minister und ein Staatssekretär der SPÖ, zwei parteilose und ein einziger kommunistischer Minister an. Am 8. Januar 1946 wurde diese Regierung von den Alliierten anerkannt.

Was in Jalta nicht nur für Österreich gefordert wurde, erhielt auf Dauer von allen Nachfolgestaaten der alten Monarchie nur Österreich: eine vom Volkswillen getragene Regierung. Nur eine solche Regierung konnte das nötige Rückgrat gegenüber den Besatzungsmächten besitzen. Nur eine solche Regierung konnte auch in der Zeit des kalten Krieges eine Klammer für die Einheit des Landes bilden. Und nur eine solche Regierung konnte das Ziel des Staatsvertrages beharrlich verfolgen und in der Zeit des Tauwetters auch tatsächlich erreichen: eines Staatsvertrages, mit dem 1955 auch die Sowjetunion die in Österreich praktizierte westliche Demokratie anerkannte – beginnt doch der Artikel 8 des Staatsvertrages über »Demokratische Einrichtungen« mit den Worten: »Österreich wird eine demokratische, auf geheime Wahlen gegründete Regierung haben und verbürgt allen Staatsbürgern ein freies, gleiches und allgemeines Wahlrecht ...«

In den vier Jahrzehnten, die seither verstrichen sind, sind freie Wahlen in Österreich zu einer Selbstverständlichkeit geworden. In den ersten Nachkriegsjahren genügte noch ein Blick über die östliche und nördliche Grenze, um zu begreifen, daß dieser Grundsatz auch wieder außer Kraft gesetzt werden konnte. In Ungarn geschah dies vor allem durch die »Salamitaktik« gegen die 1945 noch mit 57 Prozent aller Stimmen aus den Wahlen hervorgegangene Kleine Landwirte-

Partei im Laufe von zweieinhalb Jahren, in der Tschechoslowakei abrupt durch die Machtergreifung der Kommunisten im Februar 1948. Diese Vorwarnungen immunisierten jedoch die Österreicher gegen alle Versuche der Kommunisten, zuerst die schlechte Ernährungslage des Jahres 1947 und dann das vierte Lohn-Preis-Abkommen des Jahres 1950 zu benützen, um die aus freien Wahlen hervorgegangene Regierung von der Straße her unter Druck zu setzen. Obwohl die Kommunisten in den von der sowjetischen Besatzungsmacht als »Deutsches Eigentum« beschlagnahmten Industriebetrieben über ein beachtliches Demonstrantenreservoir verfügten und die sowjetische Besatzungsmacht in ihrer Zone der österreichischen Exekutive keine freie Hand ließ, gelang es den Kommunisten nicht, eine Volksbewegung zu entfachen. Bei der »Hungerdemonstration« am 5. Mai 1947 unterstützten nur 4000 bis 5000 Demonstranten vor dem Bundeskanzleramt die Forderung nach Rücktritt der Regierung. Am 3. Oktober 1950 folgten dem Aufruf einer kommunistisch inspirierten Betriebsrätekonferenz zum Streik in »ganz Österreich« und in »allen Betrieben« nur 120 000 Arbeiter, wovon 40 000 auf die Betriebe unter sowjetischer Verwaltung entfielen. Die Regierung der beiden großen Parteien appellierte am 5. Oktober an die Österreicher, sich »von Gewalttätern nicht einschüchtern« zu lassen. Ihr Aufruf »Zerschlagt illegale Straßensperren, jagt anmaßende Eindringlinge aus dem Betrieb!« fand Gehör. Die Kommunisten konnten ihren Stimmenanteil von 5,12 Prozent im Jahre 1945 auch 1953 als »Volksopposition« nicht mehr erreichen. 1959 erhielten sie unter dem Eindruck der Niederschlagung der ungarischen Revolution im Jahre 1956 nur noch 3,27 Prozent. Seither sind sie im Nationalrat nicht mehr vertreten.

Die politische Landschaft Österreichs lieferte in den vierzig Jahren der Zweiten Republik eindrucksvolle Beispiele dafür, daß vom Wählervolk auf verschiedenen Ebenen und zu verschiedenen Zeiten sowohl Kontinuität als auch Wechsel gewünscht werden können. Ausdruck der Kontinuität nach dem 1945 noch von der Bundesversammlung zum Bundespräsidenten gewählten Sozialisten Renner war bisher die Volkswahl des Bundespräsidenten: 1951, 1957, 1963, 1965 und 1971 wurden die Sozialisten Körner, Schärf und Jonas zu Bundespräsidenten erkoren, und auch der 1974 und 1980 zum Bundespräsidenten gewählte praktizierende Katholik Kirchschläger war bei seiner ersten Wahl ein als Außenminister des Kabinetts Kreisky profilierter Kandidat der SPÖ. Ebenso stellt seit 1945 in Niederösterreich, Oberösterreich, Salzburg, Tirol, Vorarlberg und in der Steiermark die ÖVP und in Wien und Kärnten die SPÖ den Landeshauptmann; lediglich im Burgenland trat 1964 an die Stelle eines Landeshauptmannes der ÖVP ein Sozialist. Auch an der Spitze der gesetzlichen Interessenvertretungen der Handelskammern, der Landwirtschaftskammern und der Arbeiterkammern sowie an der Spitze des Gewerkschaftsbundes trat kein parteipolitischer Wechsel ein.

Grundlegende Veränderungen der parlamentarischen Parteienlandschaft erfolgten bisher nur zweimal: durch das erwähnte Ausscheiden der Kommunisten im Jahre 1959 und zuvor im Jahre 1949 durch den spektakulären Anfangserfolg der »Wahlpartei der Unabhängigen«. Diese konnte, als die minderbelasteten ehemaligen Nationalsozialisten wieder ihr Stimmrecht erhielten, 11,7 Prozent der Stimmen auf sich vereinigen. Ihre Nachfolgerin, die Freiheitliche Partei Österreichs, aber erhielt 1983 nur noch knapp 5 Prozent der Stimmen. 18 seit 1949 gegründete Parteien existieren nicht mehr, und 31 im Jahre 1980 im Innenministerium registrierte Parteien spielen keine Rolle. Die traditionelle Lagermentalität wurde erst durch die in Österreich vorerst getrennt auftretenden neuen politischen Bewegungen der »Grünen« und »Alternativen« durchbrochen. Sie erhielten zusammen bei den Landtagswahlen des Jahres 1982 4,6 Prozent der Stimmen und bei den Nationalratswahlen des Jahres 1983 3,3 Prozent. Vereint erzielten sie ihren bisher eindrucksvollsten Erfolg bei den Vorarlberger Landtagswahlen des Jahres 1984 mit 13,0 Prozent. Für den wenig wahrscheinlich gewordenen Fall eines solchen vereinten Auftretens bei den spätestens im Jahre 1987 fälligen Nationalratswahlen ist bereits mit einem Einzug einer solchen Partei in den Nationalrat entweder neben oder an Stelle der FPÖ spekuliert worden. Ein Vierparteiensystem könnte dadurch ebenso möglich werden wie eine Fortsetzung des hinkenden Zweigroßparteiensystems unter neuen Vorzeichen.

Kein unmittelbarer Ausdruck des Wählerwillens waren die seit 1945 gebildeten österreichischen Regierungen, wenngleich der Wunsch nach Zusammenarbeit der beiden großen Parteien nicht nur unmittelbar nach dem Krieg vorherrschend schien. Ausdruck der Kontinuität war dabei, daß die jeweils mandatsstärkste Partei den Bundeskanzler stellte. So wurde Österreich von 1945 bis 1970 von ÖVP-Kanzlern regiert, seit 1970 von SPÖ-Kanzlern. Allerdings war von 1945 bis 1947 Figl Chef einer Allparteienregierung, waren Figl, Raab, Gorbach und Klaus von 1947 bis 1966 Chefs einer großen Koalition, war von 1966 bis 1970 Klaus und von 1970 bis 1983 Kreisky Chef einer Einparteien-Regierung, während nun Sinowatz seit 1983 Chef einer kleinen Koalition ist. Die Österreicher begnügten sich jedoch nicht damit, in den vier Jahrzehnten der Zweiten Republik siebenmal ihren Bundespräsidenten, zwölfmal ihren Nationalrat und acht- bis zehnmal die Landtage ihrer neun Bundesländer zu wählen. Seit 1964 machten sie auch in zunehmendem Maße von den Möglichkeiten der direkten Demokratie Gebrauch, um auf die Entscheidungen der Regierenden Einfluß zu nehmen. Bis zum 40. Jahrestag der Zweiten Republik beteiligten sie sich mit 5 438 941 gültigen Eintragungen an neun Volksbegehren. Die bisher einzige Volksabstimmung, an der sich 1978 3 183 486 Österreicher beteiligten, ergab ein knappes 50,5prozentiges Nein zur Inbetriebnahme des Kernkraftwerkes Zwentendorf. 1982 wurde mit 1 360 820 Eintragungen, die sich gegen den Bau eines Konferenzzentrums in Wien aussprachen, die bisher größte Beteiligung an einem Volksbegehren erreicht. Das gegen den Bau eines Donaukraftwerkes bei Hainburg und andere Großkraftwerksprojekte gerichtete Konrad-Lorenz-Volksbegehren des Jahres 1985 wurde von 353 908 Österreichern unterstützt. Ungeachtet dieser in Volksbegehren, einer Volksabstimmung und zahlreichen Bürgerinitiativen zum Ausdruck kommenden direkten Willenskundgebungen der Wähler kann auch bei den Wahlgängen der repräsentativen Demokratie von keiner Wahlmüdigkeit die Rede sein. Die Wahlbeteiligung bei den Nationalratswahlen der Zweiten Republik lag bisher zwischen 92,2 und 96,8 Prozent. Sie übertraf damit nicht nur die Wahlbeteiligung in der Ersten Republik, die zwischen 79,4 und 90,2 Prozent lag, sondern auch mit Ausnahme von Australien und Belgien die Wahlbeteiligung in allen übrigen westlichen Demokratien.

Bisher war freilich noch in keiner Wahl der Einsatz so hoch wie am 25. November 1945. Es ging damals ja darum, ob auf der »Bühne« der österreichischen Politik das »Stück« Demokratie überhaupt »uraufgeführt« werden könnte. Seither ist der Glanz dieser »Premiere« verblaßt. Der Blick, der etwas länger bei den Ereignissen des Jahres 1945 verweilte und nur flüchtig die folgenden vier Jahrzehnte streifte, darf aber freie Wahlen nicht als Selbstverständlichkeit betrachten. Sie dürfen nicht zum Ritual werden, zur bloßen Wiederholung einer Form, deren Inhalt sich verflüchtigt. Überhaupt die Wahl zu haben, ist ein hohes Gut geblieben, Ausdruck des mühsam errungenen, verlorengegangenen und wiedergewonnenen Rechtes des Volkes, politisch selbst »Regie zu führen«. Nicht so sehr gegen den Versuch, ihm das Recht auf freie Wahlen zu rauben, hat der Bürger heute die Demokratie zu verteidigen, sondern gegen die Versuchung, von diesem Recht zu wenig wirksamen Gebrauch zu machen. Den Mitentscheidungscharakter von Wahlen wieder zu vertiefen, das ist die Herausforderung, der sich die Österreicher zu stellen haben. Das muß schon bei der Forderung der Politik-Konsumenten nach genauerer Inhaltsdeklaration der Politik, die in so verlockenden Verpackungen angeboten wird, beginnen und darf auch dort nicht enden, wo es um ein persönlicheres Wahlrecht oder wirksamere Formen der direkten Demokratie geht. Nur die Wahl zu haben und nicht wählerisch zu sein, kann die Demokratie zur Spielwiese degradieren. Sie muß aber das Feld bleiben, das um ihre Freiheit besorgte Bürger selbst zu bestellen bereit sind.

2. KAPITEL

Neutralität – ein Balanceakt, für den ein vereintes Deutschland zu groß und Ungarn zu klein war

Österreichs Staatsgrenze ist in ihrer Länge von 2707 Kilometern identisch mit der Staatsgrenze des Jahres 1937. Österreichs Grenzsituation als neutraler Staat, von dessen Grenze nur ein Fünftel auf die neutrale Schweiz und das blockfreie Jugoslawien entfällt, während vier Fünftel auf Mitgliedstaaten der NATO und des Warschauer Paktes entfallen, aber ist das Ergebnis einer jüngeren Entwicklung. Sie erstreckt sich, wenn man von der Gründung der NATO und dem Bruch Jugoslawiens mit Moskau im Jahre 1948 ausgeht und die Besetzung der Tschechoslowakei durch Truppen des Warschauer Paktes im Jahre 1968 betrachtet, auf zwei Jahrzehnte. Innerhalb dieses Zeitraumes aber fiel in den drei Jahren zwischen 1954 und 1956 die Entscheidung, daß es in Mitteleuropa neben der neutralen Schweiz nur noch das neutrale Österreich und keinen weiteren neutralen Staat gibt.

Ganz Deutschland erwies sich als zu groß und stark und Ungarn in seiner Kleinheit als zu schwach, um die Rolle eines neutralen Staates spielen zu können. Nur für Österreich ergab sich aus einer räumlich und zeitlich begrenzten Situation heraus die Chance, seit 1955 als neutraler Staat zwischen den Bündnissystemen des Westens und des Ostens zu existieren. Was sich in diesem Jahr im österreichischen Operationsraum abspielte, nämlich der Rückzug von 36000 Mann der

Roten Armee, 17000 Mann der US-Army und kleinerer englischer und französischer Truppenkontingente, blieb ein Schauspiel, das bisher keine Wiederaufführung erlebte. Die Frage, wer hier eigentlich Regie geführt hatte und welche Rolle Österreich selbst dabei zu spielen vermochte, behielt nicht nur für Österreich schicksalhafte Bedeutung; sie stellte sich auch immer wieder neu, wenn für Österreichs Nachbarvölker das Schicksal einen ganz anderen Lauf nahm. Die ungarische Neutralitätserklärung vom 1. November 1956 durch die Regierung Imre Nagy blieb eine blutig beendete Episode. Und die Theorie einer Entscheidung der Regierungen der beiden Deutschland für die Neutralität, die Chruschtschow 1960 in Wien noch einmal aufwärmte, wurde durch die Errichtung der Berliner Mauer am 13. August 1961 erneut als praktisch unmöglich demonstriert. Österreichs Neutralität, beschlossen an dem zum Nationalfeiertag erklärten 26. Oktober des Jahres 1955, blieb ein Beispiel ohne Folgen – und dennoch ein immer wieder beschworenes Beispiel für die Möglichkeit der Entspannung zwischen Ost und West.

Nachträglich zu behaupten, es wäre gar keine andere Inszenierung möglich gewesen, weil das nach dem Zweiten Weltkrieg vierfach besetzte Österreich eben keinem Machtblock zuzuordnen war und auf der Waagschale der Weltpolitik nicht allzu sehr ins Gewicht fiel, hieße die Dramatik der Ereignisse unterschätzen. Daß aus Österreich so etwas wie eine zweite Schweiz werden könnte, stand bis zu Beginn des Jahres 1955 keineswegs fest. Das konfliktlösende Stichwort »Neutralität« fiel zwar schon lange vor der Unterzeichnung des Staatsvertrages, aber erst am 13. April 1955 als ein zur Kennzeichnung des offiziellen österreichischen Standpunktes geeigneter Begriff. Auf dem Schachbrett der Großmachtpolitik konnte Österreich nur gute Figur machen, indem es sich nie geschlagen gab und sich zum geeigneten Zeitpunkt in der richtigen Position mit ins Spiel brachte. Zwischen der österreichischen Frage und der deutschen Frage bestand dabei aus der Moskauer Perspektive ein die längste Zeit unaufhebbarer innerer Zusammenhang. Doch gab es noch einen Spielraum zwischen der Möglichkeit, durch die Nichtlösung der österreichischen Frage etwas zu erzwingen, und der Möglichkeit, durch die Lösung der österreichischen Frage etwas zu signalisieren oder mindestens zu blockieren. Innerhalb dieses Spielraums fiel zwischen der Außenministerkonferenz im Februar 1954 in Berlin und den Verhandlungen einer österreichischen Regierungsdelegation mit der Sowjetführung im April 1955 die Entscheidung.

Das Beispiel der seit 1815 als dauernd neutraler Staat anerkannten Schweiz hatte auf Österreich nach dem Ende des Ersten Weltkrieges noch keinen nachhaltigen Eindruck gemacht. Zu sehr fühlte sich Österreich damals als der Rest, der von der großen Monarchie übriggeblieben war, um nicht erneut nach einer größeren Lösung – vornehmlich dem Anschluß an Deutschland – Ausschau zu halten. Nach dem Zweiten Weltkrieg empfand sich Österreich zwar nicht mehr zum Schicksal eines Kleinstaates »verurteilt«, erkannte jedoch die in dieser Rolle liegende Chance. Das Beispiel der wieder vom Krieg verschont gebliebenen reichen Schweiz war für das nun vom Krieg verwüstete, arme Österreich noch lehrreicher geworden.

Das führte zwar zu gewichtigen Wortmeldungen zum Thema »Neutralität« unter Bezugnahme auf die Schweiz aus beiden großen politischen Lagern, aber noch zu keiner den Staat völkerrechtlich verpflichtenden Erklärung. Die realistische Einschätzung der Situation des vierfach besetzten Landes ließ jedoch die für sein Schicksal Verantwortlichen von Jahr zu Jahr deutlicher erkennen, daß Österreich seine Unabhängigkeit nur erlangen könne, wenn es sich nicht in eine einseitige Abhängigkeit begäbe. »Die Sowjetunion will nicht, daß der westliche Block Österreich zum politischen und ökonomischen Sprungbrett kapitalistisch-antikommunistischer Politik ausbaue – der sogenannte westliche Block will hingegen nicht, daß Österreich zum Stützpunkt kommunistischer, prorussischer Politik gemacht wird«, formulierte im Mai 1947 Bundespräsident Karl Renner die vorerst auf keinen gemeinsamen Nenner zu bringenden Positionen des Ostens und Westens.

Als in diesem Jahr 1947 die Staatsvertragsverhandlungen in London begannen, ahnten die Österreicher noch nicht, daß ihr Land zum »Faustpfand« in der Hand der Großmächte geworden war. Militärisch war Österreich fest im Griff der Besatzungsmächte, auch wenn sich die Zahl der alliierten Truppen seit Kriegsende auf ein Siebentel verringert hatte. Politisch schien der Westen im Vorteil zu sein, weil die ersten freien Wahlen die Befürchtung, Österreich könnte zum Stützpunkt kommunistischer Politik werden, zerstreut hatten. Ökonomisch aber besaß die Sowjetunion im Osten des Landes ein zusätzliches »Faustpfand«, nachdem sie sich unter dem Titel des »Deutschen Eigentums« 471 Unternehmungen, darunter die Erdölfelder, die Donauschiffahrt und 351 Industriebetriebe, angeeignet hatte. Politisch versuchte Österreich durch den bereits 1947 gestellten Aufnahmeantrag in die UNO zu demonstrieren, daß es sich in keine einseitige Abhängigkeit begeben wolle. Andererseits bekundete Österreich durch seine Teilnahme am Marshallplan, die der sowjetische Hochkommissar 1948 als Verletzung der österreichischen Souveränität qualifizierte, daß es sich nicht unter Druck setzen läßt. Die Sowjetunion wieder beharrte bei den Staatsvertragsverhandlungen auf einer »Enklavenlösung«, durch die sie noch 30 Jahre nach Abschluß dieses Vertrages einen Fuß in der Tür der österreichischen Wirtschaftssouveränität besessen hätte. Obwohl bis 1949 von 53 Staatsvertragsartikeln 48 die Zustimmung aller vier Besatzungsmächte gefunden hatten, erwies sich die Hoffnung auf einen baldigen Abschluß der Verhandlungen als trügerisch. Im Schatten des kalten Krieges erreichten die Beratungen der »Kleinen Vier«, wie die bevollmächtigten Stellvertreter der Außenminister genannt wurden, Ende 1950 bei der 258. Sitzung einen toten Punkt. Bei ihrer einzigen Sitzung im Jahre 1951 faßten sie nur noch den Beschluß, sich auf unbestimmte Zeit zu vertagen.

Zu Beginn der fünfziger Jahre schien der Abschluß des Staatsvertrages in unerreichbare Ferne, eine mögliche Teilung Österreichs hingegen in gefährliche Nähe gerückt zu sein. Östlich von Österreich waren alle Staaten fest in der Hand kommunistischer Regime, die – bis auf Jugoslawien – eine moskautreue Politik verfolgten. Westlich von Österreich war es zur Gründung der NATO und zur Aufhebung des Besatzungsstatus im Westen Deutschlands als Vorstufe der Einbeziehung der Bundesrepublik in dieses Bündnissystem gekommen. Vor dem Hintergrund des seit 1946 andauernden ersten Indochinakrieges, der Berliner Blockade der Jahre 1948/49 und des von 1950 bis 1953 währenden Koreakrieges erschien das durch die »Vier in einem Jeep« symbolisierte Zusammenwirken der Alliierten des Zweiten Weltkrieges nur noch als Ausnahme, die die Regel des kalten Krieges bestätigte. In Wien patrouillierten zwar in diesem Jeep drei westliche Militärpolizisten und ein Russe. In ganz Österreich aber entfielen von den 68 500 alliierten Besatzungssoldaten des Jahres 1950 allein 44 000 auf die Sowjetunion. Angesichts dieses Kräfteverhältnisses trauten sich die westlichen Alliierten im Falle eines Konfliktes mit der Sowjetunion keine Verteidigung ihrer gesamten Besatzungszonen zu. Die nach dem französischen Hochkommissar benannte »Béthouart-Linie« verlief vielmehr quer durch das Bundesland Salzburg. Noch näher als der »Rock« des Staatsvertrages mußte der österreichischen Regierung nun das »Hemd« der Bewahrung der Einheit des Landes erscheinen. Was Bundeskanzler Figl schon 1948 erklärt hatte – daß Österreich sich »keinem Block und keinem Militärbündnis anschließen wolle« –, gewann so erhöhten Stellenwert. In der großen außenpolitischen Debatte im österreichischen Nationalrat am 2. April 1952 unterstrich Bundeskanzler Figl den Wunsch des österreichischen Volkes, in einem »ungeteilten« Vaterland zu leben. »Auf dem Boden der völkerrechtlichen Neutralität« zu stehen, war die von Außenminister Gruber präzisierte Auffassung der österreichischen Bundesregierung. Das Stichwort »Neutralität« war damit gefallen, allerdings unter deutlicher Abgrenzung gegen den Wunsch, sich von den Kommunisten vorschreiben zu lassen, »welche Akte, welche Gesinnung jeweils den Inhalt dieser Neutralität erfüllen«. Mit solchen Erklärungen konnte Österreich damals freilich nur seine Haltung gegenüber den weltpolitisch rivalisierenden Besatzungsmächten ausbalancieren. Den gordischen Knoten der festgefahrenen Staatsvertragsverhandlungen konnte es damit noch nicht durchhauen. Eine Wiederaufnahme dieser Verhandlungen knüpfte die Sowjetunion in der Zeit des kalten Krieges noch an Bedingungen wie die Behandlung der Frage Triest und der angeblichen Wiederaufrüstung Österreichs. Zwei wesentliche Elemente einer österreichischen Neutralitätspolitik aber waren schon in diesem Zeitpunkt vordefiniert worden: die militärische Bündnisfreiheit und die Ablehnung einer aufoktroyierten ideologischen Neutralität.

Der Auftritt neuer handelnder Personen und der damit zusammenhängende Szenenwechsel der nächsten Jahre bot dann die Chance, den österreichischen Neutralitätsgedanken erneut und nach Überwindung unerwarteter Rückschläge mit Erfolg ins Spiel zu bringen.

In Moskau kam es nach dem Tode Stalins im März 1953 zu einer kollektiven Führung, in der als erster Sekretär der KPdSU der damals neunundfünfzigjährige Chruschtschow immer stärker in den Vordergrund rückte. In Wien trat im

April 1953 der damals zweiundsechzigjährige Raab an die Spitze der Koalitionsregierung und im November sein Vorgänger Figl als Außenminister an seine Seite. Raab war in Moskau kein unbeschriebenes Blatt. Er hatte schon der provisorischen Regierung als Staatssekretär angehört, doch als ihn Figl nach den Wahlen des Jahres 1945 zum Handelsminister machen wollte, erhob die sowjetische Besatzungsmacht dagegen Einspruch. Plötzlich nahm sie an Raabs politischer Vorvergangenheit Anstoß, die ihn im Ständestaat im letzten Kabinett Schuschnigg vier Wochen vor dem Ende Österreichs noch ein kurzes Gastspiel als Handelsminister hatte geben lassen. Das spielte jedoch 1953, in der Zeit des »Tauwetters«, keine Rolle mehr.

Der bisher mehr im Hintergrund wirkende, doch als starker Mann geltende Julius Raab war dem Gedanken einer Neutralität Österreichs schon 1951 nähergetreten. Durch seinen jüngeren, seit 1938 in der Schweiz lebenden und seit 1948 in Bern als Kulturattaché tätigen Bruder Heinrich war Raab schon nach dem Krieg darauf hingewiesen worden, daß die vier Großmächte an einer Neutralität Österreichs ein »vitales Interesse« haben müßten. Als Bundeskanzler setzte Raab in seiner ersten, am 15. April 1953 abgegebenen Regierungserklärung Akzente der Festigkeit und der Flexibilität. Einerseits betonte er, das österreichische Volk wolle auf seinem Territorium nur »eine Fahne sehen: die rotweißrote«, andererseits aber ließ er anklingen, daß »nicht die Form« des Staatsvertragsinstrumentes »entscheidend« sei, »sondern die Tatsache, daß dem Lande seine politische Unabhängigkeit und seine wirtschaftliche Lebensfähigkeit gesichert wird«. Raab begann in Wien und zwischen Wien und Moskau die Fäden zu spinnen, die in das neue Muster der sowjetrussischen Politik passen sollten. Der trinkfeste und im Umgang mit der sowjetischen Besatzungsmacht erfahrene Figl fügte sich dabei als Außenminister ebenso in sein Konzept wie der

»rote« Dr. Norbert Bischoff, der seit 1947 in Moskau tätige Botschafter Österreichs. Seine bis zum Tode Stalins geltende Meinung, wo der russische Stiefel stehe, dort bleibe er auch stehen, hatte Raab revidiert. Als Nahziel bot sich an, wenigstens den Druck des seit acht Jahren unverändert harten sowjetischen Besatzungsregimes zu mildern. Die weltpolitischen Begleitumstände waren dafür ebenso günstig wie die in der sowjetischen Führung noch ungeklärte Nachfolgefrage. Wenn Moskau Zeichen der Entspannung setzen wollte, dann ergab sich dafür in Österreich noch immer die billigste Möglichkeit. Schon die dem westlichen Beispiel folgende Einsetzung eines zivilen Hochkommissars, die Aufnahme diplomatischer Beziehungen, die Freilassung politischer Gefangener, die Aufhebung der Demarkationslinienkontrolle und der Zensur, der Verzicht auf die Besatzungskosten und andere Gesten der Sowjetunion eigneten sich als Signale. Raab signalisierte zurück, daß Österreich dies als Schritte in der richtigen Richtung verstehe.

Ja er ging sogar so weit, als ein in einem bürgerlichen Haus zur Höflichkeit erzogener Mensch dafür »Danke schön« zu sagen und zu bemerken, man solle den »russischen Bären, der im österreichischen Garten steht, nicht ständig in den Schwanzstummel zwicken«. Eine solche Mahnung war damals in Österreich alles andere als populär. Doch der massige, in seiner Partei nicht zu Unrecht als »autoritär« angesehene, vom sozialistischen Koalitionspartner jedoch zu Unrecht des »Appeasements« verdächtigte Raab sollte sich für den »Tanz mit dem Bären« als der geeignetste Partner erweisen.

Als die weltpolitische Entspannung zum ersten Mal seit dem Juni 1949 die Einberufung einer Außenministerkonferenz der »Großen Vier« Ende Januar 1954 in Berlin möglich machte, sah Österreich seine Chance gekommen. Wichtigster Tagesordnungspunkt war zwar die deutsche Frage, doch vom 12. bis 18. Februar stand auch der österreichische Staatsvertrag zur Debatte, und eine österreichische Regierungsdelegation wurde dazu als gleichberechtigter Verhandlungspartner eingeladen. Der sowjetische Außenminister Molotow schlug vor, innerhalb von drei Monaten den endgültigen Wortlaut des Staatsvertrages vorzubereiten und in diesen einen Zusatzartikel aufzunehmen: Österreich sollte sich durch ihn verpflichten, keinerlei Koalitionen oder Militärbündnisse einzugehen und keine ausländischen Militärstützpunkte oder Militärberater zuzulassen. Dann aber kam der Pferdefuß zum Vorschein: Um einen neuen Anschluß zu verhindern, sollte bis zum Abschluß eines Friedensvertrages mit Deutschland doch noch eine »symbolische« sowjetische Besatzung von 5000 Mann in Österreich verbleiben. Anstelle der aufzulösenden Alliierten Kommission sollte ein Sonderabkommen die Rechtslage dieser Truppen bestimmen. Nur Wien sollte vollkommen von allen Besatzungstruppen geräumt werden.

»Ich frage Sie, meine Herren Minister, wer von Ihnen würde es an meiner Stelle auf sich nehmen, mit einem derartigen Vorschlag vor die Volksvertretung seines Landes zu treten?« replizierte am nächsten Tag Österreichs Außenminister Figl und verwies darauf, daß bei Belassung der Truppen bis zum Abschluß eines deutschen Friedensvertrages »das Schicksal Österreichs mit einem der schwierigsten weltpolitischen Probleme verknüpft wird, auf dessen Lösung Österreich keinen Einfluß zu nehmen vermag«. Hingegen wiederholte Figl »in aller Form die Feststellung«, daß »Österreich nicht die Absicht hat, sich irgendwelchen Militärbündnissen anzuschließen«. De facto wäre Österreich nach Annahme des damaligen Molotow-Vorschlags noch heute ein besetztes Land, und die österreichische Regierung hätte während der Ereignisse der Jahre 1956 und 1968 in einem von den westlichen Alliierten geräumten Wien amtieren müssen. Angesichts des im Februar 1954 unerreichbar erscheinenden Zieles eines terminisierten Abzuges der Besatzungstruppen verblaßte die in Berlin erfolgte Annäherung in der Neutralitätsfrage: Molotow war schon damals bereit, sich an Stelle einer staatsvertraglichen Neutralisierung mit einer einseitigen Erklärung Österreichs als Anhang zu begnügen. Dem Argument des amerikanischen Außenministers Dulles, nur eine freiwillig erwählte Neutralität sei achtbar, wurde damit zum Teil Rechnung getragen. Und schon zuvor hatte Figl dem deutschen Bundeskanzler Adenauer sagen lassen, Österreich werde »neutral sein unter eigenem souveränem Entschluß wie die Schweiz, oder der Staatsvertrag wird nicht zustandekommen«.

Der Kälteeinbruch im Tauwetter hatte Gründe, die nicht in Österreich lagen, obwohl sie sich auf Österreich auswirkten. Das Jahr 1954 war das Jahr der Entscheidung über die Eingliederung der Bundesrepublik Deutschland in die NATO, und die Sowjetunion gab zu verstehen, daß eine Räumung Österreichs von einem Verzicht auf die Wiederaufrüstung der Bundesrepublik abhängig sei. Als Parallelaktion verschlechterte sich auch wieder das Klima in Österreich. Im Mai 1954 war von feindseligen und subversiven Umtrieben gegen die sowjetische Besatzungsmacht und im Dezember gar von einem Bruch des Kontrollabkommens durch die »aggressive NATO-Tätigkeit« die Rede. Auch existierten innerhalb der kollektiven Führung der Sowjetunion Auffassungsunterschiede, wie Chruschtschow später bestätigte. Demnach hätte Molotow den Standpunkt vertreten, ein von der Roten Armee erobertes Gebiet könnte nicht freigegeben werden, während Chruschtschow und Mikojan ihn zu Verhandlungen drängten.

Ein Indiz ist auch der Umstand, daß eine Machtverschiebung zugunsten Chruschtschows, die im Januar 1955 in der Ablöse des Ministerpräsidenten Malenkow durch Bulganin zum Ausdruck kam, mit der entscheidenden Wende zugunsten Österreichs zusammenfiel. Am wichtigsten war aber wohl aus der Moskauer Perspektive, daß durch die bis März 1955 erfolgende Ratifizierung der Pariser Verträge vom Oktober 1954 die Eingliederung der Bundesrepublik in das westliche Verteidigungssystem zur vollendeten Tatsache wurde.

Mit der Erklärung, die Außenminister Molotow am 8. Februar 1955 vor dem Obersten Sowjet abgab, wurde dieser Zusammenhang deutlich gemacht: »Im Falle einer Ratifizierung des Pariser Abkommens« würde »eine ernste Gefahr des Anschlusses und folglich eine Gefahr für die Unabhängigkeit Österreichs entstehen«. Überraschend zog diese Erklärung daraus den Schluß, daß bei Ausschaltung der »Möglichkeit eines neuen Anschlusses« der »Abzug der Truppen der vier Mächte aus Österreich erfolgen« könnte, »ohne den Abschluß des Friedensvertrages mit Deutschland abzuwarten«. Allerdings sollte eine Viermächtekonferenz unter Beteiligung Österreichs noch vor Ratifizierung der Pariser Verträge einberufen werden. Der Abzug der Besatzungstruppen wurde nur an eine Bedingung geknüpft: »Österreich muß die Verpflichtung auf sich nehmen, keinerlei Koalitionen oder Militärbündnisse einzugehen«, die sich gegen einen »mit seinen Streitkräften am Krieg gegen Hitlerdeutschland« beteiligten Staat richten. Das war, da ja der Warschauer Pakt erst am 14. Mai dieses Jahres unterzeichnet werden sollte, vorerst eine Art NATO-Klausel. Nach dem damaligen Stand der Waffentechnik war damit die Absicht verbunden, einen durch Österreich verlängerten neutralen Alpenkeil zwischen die NATO-Staaten Bundesrepublik Deutschland und Italien zu schieben. Da sich Österreich schon wiederholt zur Bündnisfreiheit bekannt hatte, ging es nur noch um deren Form. Österreichs Botschafter Bischoff versuchte dies in drei Unterredungen mit dem sowjetischen Außenminister Molotow zu klären. Binnen zehn Tagen erfolgte auf die österreichische Note vom 14. März, die einen Meinungsaustausch vorschlug, die sowjetische Antwort: Man war nun in Moskau mit der Abgabe einer österreichischen Verpflichtungserklärung unabhängig vom Staatsvertrag und mit einer ausschließlich zum Zweck der Überprüfung des Staatsvertrages einzuberufenden Viermächtekonferenz einverstanden. Bundeskanzler Raab und andere Vertreter Österreichs wurden zu Gesprächen nach Moskau eingeladen, und fünf Tage später beschloß die Bundesregierung, daß Bundeskanzler Raab, Vizekanzler Schärf, Außenminister Figl und Staatssekretär Kreisky diese Gespräche führen sollten.

Schon der Empfang der österreichischen Regierungsdelegation auf dem Moskauer Flughafen am 11. April 1955 ließ erkennen, daß man in ihr mehr als bloß die Vertretung eines besetzten Landes sah: Die stellvertretenden Ministerpräsidenten Molotow und Mikojan waren erschienen, die Hymnen beider Länder wurden gespielt, und eine Ehrenkompanie defilierte vor ihr. Am ersten Verhandlungstag im Konferenzraum Molotows im Kreml erfolgte ein vorsichtiges Abtasten der beiderseitigen Standpunkte. Molotow wollte wissen, wie sich Österreich selbst eine Garantie seiner Unabhängigkeit vorstelle. Von österreichischer Seite wurde an diesem 12. April das Wort Neutralität bei den offiziellen Verhandlungen noch nicht in den Mund genommen. Dennoch fielen am Abend bei einem Empfang Molotows im Spiridonowka-Palais aus dem Munde des österreichischen Außenministers Figl sehr offenherzige Worte. Figl erzählte Molotow ganz undiplomatisch, aber nicht unüberlegt, wann er dessen Stimme zum ersten Mal gehört hatte: aus dem Lautsprecher eines Konzentrationslagers, in dem er mit allen Mithäftlingen hatte antreten müssen, anläßlich des Besuches Molotows bei Hitler im Spätherbst des Jahres 1940. Zu später Stunde wurde dann im Salon der österreichischen Botschaft offenkundig, daß innerhalb der österreichischen Regierungsdelegation noch immer keine einhellige Auffassung über eine Neutralitätserklärung bestand. Raab vertrat dabei die Auffassung, daß ein Verhandlungserfolg nur erzielbar sei, wenn man schon hier in Moskau das Wort Neutralität klar ausspreche. Vizekanzler Schärf hingegen ging so weit zu erklären, die sozialistischen Regierungsmitglieder würden in diesem Fall die Delegation verlassen. Staatssekretär Kreisky, der schon vor Antritt der Reise beim Sowjetgesandten Kudriawzew in Wien die Möglichkeit einer Neutralität nach Schweizer Vorbild sondiert hatte, verhielt sich zurückhaltend, während Botschafter Bischoff seiner Enttäuschung über das Zögern seiner Parteifreunde in harten Worten Ausdruck verlieh. Raab aber sagte seinem Sekretär Dr. Steiner vor dem Schlafengehen: »Du wirst sehen, ehe der Hahn morgen dreimal kräht, werden wir unsere Neutralität erklärt haben.«

Bei der nächsten Verhandlungsrunde am 13. April im Spiridonowka-Palais überreichte die österreichische Delegation den sowjetischen Partnern ein Papier, das alle Elemente der Neutralität aufzählte, das Wort selbst aber nicht enthielt. Als offenkundig wurde, daß auf diese Weise kein Durchbruch zu erzielen war, bat Raab um eine Unterbrechung der Sitzung. Obwohl er Schärf in dieser Pause die Gretchenfrage stellte, ergab sich noch immer kein eindeutiger gemeinsamer Standpunkt. Daraufhin gab Raab nach Wiederaufnahme der Verhandlungen von sich aus die Erklärung ab, Österreich stelle sich seinen zukünftigen Status als neutraler Staat vor und wolle eine Neutralität wie die Schweiz wahren. Damit war das Eis gebrochen: Molotow bezeichnete nach einer kurzen Zwiesprache mit Mikojan diese Formulierung als sehr zufriedenstellend. Im »Moskauer Memorandum« vom 15. April 1955 über die Ergebnisse dieser Besprechungen wurde festgehalten, daß Österreich im Sinne der bereits in Berlin im Jahre 1954 abgegebenen Erklärung, »keinen militärischen Bündnissen beizutreten und militärische Stützpunkte auf seinem Gebiet nicht zuzulassen«, eine »Deklaration in einer Form abgeben«, wird, »die Österreich international dazu verpflichtet, immerwährend eine Neutralität der Art zu üben, wie sie von der Schweiz gehandhabt wird«. Im Gegenzug erklärte sich die Sowjetregierung »damit einverstanden, daß alle Besatzungstruppen der Vier Mächte nach Inkrafttreten des Staatsvertrages nicht später als am 31. Dezember 1955 aus Österreich abgezogen werden«.

Bei dem Empfang, den Marschall Bulganin anläßlich der Beendigung der Verhandlungen für die österreichische Delegation am Abend des 14. April im Kreml gab, konnte Chruschtschow bereits scherzhaft die Frage stellen, ob denn die »Herren Österreicher« keine Angst gehabt hätten, nach Moskau zu reisen. »Wir haben Sie, Gospodin Raab«, wandte er sich in seiner Tischrede an den Bundeskanzler, »in diesen Tagen als redlichen, aufrechten Mann kennengelernt. Ich gebe Ihnen einen guten Rat: Folgen Sie meinem Beispiel und werden Sie auch ein Kommunist.« Und als alles, auch die anwesenden Russen, darüber lachte, lenkte er ein: »Aber wenn ich Sie schon gar nicht überzeugen kann, bleiben Sie in Gottes Namen, was Sie sind.« Das war zwar keine authentische Interpretation der österreichischen Neutralität, aber die nächsten Sätze ließen doch erkennen, daß der wichtigste Mann im Kreml von keinem ideologischen Neutralismus sprach. Chruschtschow fügte nämlich hinzu: »Wir werden Sie dabei nicht stören. Wir kennen die Verhältnisse in Österreich. Wir werden das österreichische Volk so leben lassen, wie es leben will.«

Nach den Moskauer Verhandlungen, bei denen Österreich um den Preis von Waren- und Erdölablöselieferungen auch die volle Wirtschaftssouveränität zugestanden wurde, blieben Staatsvertrag und Neutralität zwar zwei eng zusammenhängende und in Wien behandelte Materien, doch wurde deutlich gemacht, worin der Unterschied lag: Der Staatsvertrag wurde am 15. Mai im Wiener Belvedere feierlich von den

Außenministern MacMillan, Molotow, Dulles, Pinay und Figl unterzeichnet; die Ratifikationsurkunden wurden bis 27. Juli hinterlegt. Das Verfassungsgesetz über die immerwährende Neutralität Österreichs hingegen wurde erst nach dem Abzug der Besatzungstruppen und nach dem am 23. September erfolgten Einzug der ersten österreichischen Grenzschutzsoldaten in Wien am 26. Oktober im österreichischen Parlament beschlossen.

Es brachte die österreichische Neutralität auf eine denkbar kurze, aber konsequent auf der bisherigen Linie liegende Formel: »Zum Zwecke der dauernden Behauptung seiner Unabhängigkeit nach außen und zum Zwecke der Unverletzlichkeit seines Gebietes erklärt Österreich aus freien Stücken seine immerwährende Neutralität. Österreich wird diese mit allen ihm zu Gebote stehenden Mitteln aufrechterhalten und verteidigen. Österreich wird zur Sicherung dieser Zwecke in aller Zukunft keinen militärischen Bündnissen beitreten und die Errichtung militärischer Stützpunkte fremder Staaten auf seinem Gebiete nicht zulassen.«

In den erläuternden Bemerkungen wurde unterstrichen, daß damit der Inhalt der dauernden, bewaffneten Neutralität dargelegt sei und Österreich in seinen sonstigen völkerrechtlichen Grundrechten vollkommen unbeschränkt sei. »Auch die Schweiz hat ihre Neutralität in diesem Sinne gehandhabt«, hieß es gleichlautend mit der im Moskauer Memorandum enthaltenen Formulierung. Bundeskanzler Raab ließ in seiner Regierungserklärung vom 26. Oktober 1955 keinen Zweifel, daß damit »keine Verpflichtung zur ideologischen Neutralität begründet« wird. Die Freiheit der Presse und der Meinungsäußerung werde durch die dauernde Neutralität nicht berührt, die militärische Neutralität beinhalte keinerlei Verpflichtungen und Bindungen auf wirtschaftlichem und kulturellem Gebiet, und das Asylrecht werde in Österreich weiterhin in vollem Umfang in Kraft bleiben.

Bis zur ersten Bewährungsprobe der österreichischen Neutralität sollte nicht einmal ein ganzes Jahr vergehen. Den Großteil ihrer Truppen hatten die Sowjets nicht weiter als bis Ungarn und die Amerikaner nicht weiter als bis Italien zurückgezogen, und das so entstehende militärische Vakuum war vorerst nur von den 8500 Mann der österreichischen B-Gendarmerie aufgefüllt worden, die als Kader für das künftige österreichische Bundesheer dienen sollten. Schon im September 1956 kam es an der österreichisch-ungarischen Grenze zu einer Reihe schwerer Zwischenfälle, am ersten Jahrestag der Neutralitätserklärung überschritten ungarische Aufständische die österreichische Grenze, und am 4. November traten mit aus der Sowjetunion kommenden Verstärkungen 150 000 Mann der Roten Armee mit 2000 Panzern und Luftverbänden zur Niederwerfung des ungarischen Volksaufstandes an.

Allein am 23. November überschritt die Rekordzahl von 8537 ungarischen Flüchtlingen die österreichische Grenze. An diesem Tag kamen bei der Verfolgung ungarischer Flüchtlinge auch zwei Sowjetsoldaten über die österreichische Grenze. Eine österreichische Gendarmeriepatrouille nahm sie fest und entwaffnete sie. Der Sowjetsoldat Lopatin, der zu flüchten versuchte, wurde nach einigen Warnschüssen tödlich getroffen. Einem geharnischten österreichischen Protest wegen dieser Grenzverletzung folgte ein sowjetischer Gegenprotest, der jedoch auch die Anweisung an die sowjetischen Soldaten erwähnte, die Unantastbarkeit des österreichischen Territoriums zu respektieren. Die nach der Staatsvertragsunterzeichnung in der »Neuen Zürcher Zeitung« geäußerte Befürchtung, daß aus der Schweizer »Festung Sargans eine Festung an der russischen Grenze geworden« sei, erwies sich als unbegründet. Bis zum Jahresende konnten 155 831 ungarische Flüchtlinge die österreichische Grenze überschreiten, ohne daß es zu weiteren Grenzverletzungen kam. Auch die vom sowjetischen Außenminister Schepilow vor den Vereinten Nationen erhobene Beschuldigung, Österreich hätte die ungarischen Aufständischen mit »Gasser«-Pistolen beliefert, klang ernster als sie zu nehmen war, weil die Produktion dieser Pistolen schon 1917 eingestellt worden war.

Zur ersten Verletzung des österreichischen Luftraumes kam es am 16. Juli 1958, als amerikanische Flugzeuge eine ganze Division aus der Bundesrepublik über Tirol nach dem Libanon flogen. Österreich protestierte dagegen. Der sowjetische Verteidigungsminister Malinowski zeigte bald darauf bei einem Österreich-Besuch zwar Verständnis für die noch mangelnde Fähigkeit Österreichs, dies zu verhindern, stellte jedoch im Wiederholungsfall Österreich sowjetische Hilfe in Aussicht. Ähnlich, wenn auch unbestimmter, äußerte sich Chruschtschow 1960 bei einer Pressekonferenz in Wien, als er davon sprach, »Maßnahmen, welche« sich die Sowjetunion »anzuordnen genötigt sehen könnte, würden von den Umständen einer eventuellen Verletzung abhängen«.

Zur nächsten Verletzung der österreichischen Lufthoheit kam es in 62 Fällen durch sowjetrussische Flugzeuge während des Einmarsches von Truppen aus fünf Warschauer-Pakt-Staaten in die Tschechoslowakei nach dem 21. August des Jahres 1968. Österreich legte auch dagegen Protest ein, zumal es sich nach seinen Beobachtungen zeitweilig um systematische Aufklärungsflüge über dem Gebiet nördlich der Donau handelte, in das die Regierung schon am ersten Tag 8000 Mann des Bundesheeres verlegt hatte. Das war übrigens die einzige größere Truppenbewegung westlich des Eisernen Vorhanges während der Tschechenkrise. Wieder bewährte sich Österreich als Asylland: Allein zwischen dem 22. August und dem 17. September erhielten in 93 653 Fällen Tschechoslowaken in Österreich Quartier und Verpflegung. Sowjetische Beschuldigungen, 22 fahrbare Sendeanlagen, westdeutsche Waffen mit westdeutschen Hubschraubern und als Touristen verkleidete amerikanische »Green barets« seien über österreichisches Staatsgebiet in die Tschechoslowakei gelangt, erwiesen sich als unbegründet. Österreich unterstrich durch die Erklärung, die Bundeskanzler Klaus am 18. September 1968 vor dem Nationalrat abgab, erneut sein Recht zur Selbstinterpretation seiner Neutralität, aber auch, daß seine Neutralität nicht bedroht gewesen sei.

Zu einer langwierigen Bewährungsprobe der Neutralität entwickelte sich die wirtschaftliche Integration Europas, an der Österreich schon in der Zeit seiner Besetzung als Beteiligter am Marshallplan und als Mitglied der Organisation für Europäische Wirtschaftliche Zusammenarbeit (OEEC) teilgenommen hatte. Mit der Gründung der Europäischen Wirtschaftsgemeinschaft der Sechs (EWG) und nach dem Scheitern des Planes einer »Großen Freihandelszone« wurde es für Österreich zu einer vitalen Frage, in welcher Form es als immerwährend neutraler Staat, dessen Ausfuhren zu Beginn der sechziger Jahre zu 50 Prozent in die EWG-Staaten gingen, eine handelspolitische Diskriminierung vermeiden könnte. Die Wogen der Diskussion über die zulässige Form eines Arrangements mit der EWG gingen auch in Österreich selbst und innerhalb der beiden großen Regierungsparteien hoch. Der sozialistische Parteiobmann Pittermann sah die »Gefahr eines Anschlusses, nicht mehr an einen Staat, sondern an eine Staatengemeinschaft«, sein Parteifreund Koref hingegen warnte davor, durch solche Formulierungen »Rußland die Argumente ins Haus zu liefern«; der steirische ÖVP-Landeshauptmann Krainer stellte die Frage, ob »Österreich in der Neutralität verhungern solle«, während Raab diese Neutralität als ein »kostbares Gut« bezeichnete, das Österreich »nicht um das Linsengericht eines scheinbaren materiellen Vorteiles willen voreilig und leichtfertig gefährden« dürfe. Als »kleine Integrationsübung« entschied sich Österreich 1960 für die

Mitgliedschaft bei der EFTA und suchte nur im Gleichschritt mit den anderen neutralen EFTA-Staaten Schweden und Schweiz in Brüssel um Verhandlungen über eine neutralitätskonforme Lösung mit der EWG an.

Obwohl diese Verhandlungen nicht auf eine Mitgliedschaft abzielten, verfolgte man in Moskau jede Form der Annäherung an die EWG mit größtem Mißtrauen. Chruschtschow sah in diesem Wirtschaftsblock ein Instrument der NATO und berief sich dabei auf westliche Zeugen. Bei den über ein Jahrzehnt andauernden Verhandlungen wurden Österreich aber auch von EWG-Ländern wie Italien wegen Südtirol und von Frankreich mit Rücksicht auf die Sowjetunion vorübergehend Schwierigkeiten bereitet. Österreich mußte als neutraler Staat nicht nur auf seine Handlungsfreiheit und Versorgung im Kriegsfall Rücksicht nehmen, sondern auch auf seine Handelspolitik gegenüber Dritt-Staaten und konnte deshalb weder eine automatische Bindung an EWG-Beschlüsse eingehen noch auf ein Kündigungsrecht verzichten. Wirtschaftlich trat zwar durch eine Umstrukturierung des österreichischen Außenhandels zugunsten der EFTA eine gewisse Erleichterung ein, doch wurde diese wieder durch den Beitritt Großbritanniens, Irlands und Dänemarks zur EWG wettgemacht. Zu einer endgültigen, im Vergleich zur Assoziation loseren Regelung des Verhältnisses Österreichs zur EWG kam es erst 1972 durch zwei Globalverträge und zwei Interimsabkommen, wobei letztere als eine Art »Treueprämie« für die langjährigen Bemühungen Österreichs galten. In einem Aide-mémoire ging die sowjetische Regierung davon aus, daß diese Abkommen »in keiner Weise den Umfang der Rechte und Pflichten der Partner am Staatsvertrag« und auch »der von Österreich freiwillig auf sich genommenen« Neutralitätsverpflichtung »abändern können und sollen«. Dies wurde von der österreichischen Regierung am 20. September bestätigt.

Als junger neutraler Staat spielte sich Österreich inzwischen auf der Bühne der Weltpolitik stark in den Vordergrund, gleichsam das, was ihm an Erfahrung im Vergleich zur Schweiz fehlte, durch größere Beweglichkeit wettmachend. Noch im Jahr der Neutralitätserklärung trat Österreich der Organisation der Vereinten Nationen bei und im Jahr darauf dem Europarat. Der Österreicher Dr. Kurt Waldheim wurde 1971 und 1976 zum Generalsekretär der UNO gewählt, und die Österreicher Dr. Lujo Tončić-Sorinj und Dr. Franz Karasek 1969 und 1979 zu Generalsekretären des Europarates. Für die Großen dieser Welt wurde Wien wiederholt zum Treffpunkt: so 1961 für Kennedy und Chruschtschow und 1979 für Carter und Breschnjew anläßlich der Unterzeichnung des SALT II-Abkommens und 1985 für Shultz und Gromyko. 1957 wurde Wien zum Sitz der Internationalen Atomenergie-Organisation, 1965 zum Hauptquartier der OPEC und 1979 zum dritten UNO-Zentrum. Österreich, zwischen 1972 und 1974 auch Mitglied des Sicherheitsrates der UNO, beteiligte sich weltweit an friedenserhaltenden Aktionen. Unter dem Blauhelm der UNO taten österreichische Sanitäter zwischen 1960 und 1963 im Kongo Dienst und stehen österreichische Soldaten seit 1964 auf Zypern und seit 1974 auf den Golanhöhen zwischen Israel und Syrien. Bis September 1983 waren 18 193 Bundesheer-Soldaten im UN-Einsatz. Auch politisch bot Österreich im Nahen Osten seine guten Dienste an. Die aktive österreichische Neutralitätspolitik erweckt nicht den Eindruck einer »Verschweizerung«, eher bewegt sich die Schweizer Diskussion über eine »Redimensionierung« ihrer Neutralität in eine Richtung, die Österreich durch seine UNO-Mitgliedschaft bereits eingeschlagen hatte.

Ist also Österreich durch seine Neutralität zu einer »Insel der Seligen« geworden, weil seine Bewohner schon 1972 zu 90 Prozent in der dauernden Neutralität mehr Vorteile als Nachteile sahen und sich zu 80 Prozent in einem neutralen

Staat sicherer fühlten als in einem, der einem Bündnissystem angehört? Der Blick in die Vergangenheit lehrt, daß Österreich seine zur Selbstverständlichkeit gewordene Neutralität nicht einfach als fertige Antwort auf alle in Zukunft möglichen Fragen ansehen darf. Auch künftige Bewährungsproben können nur bestanden werden, wenn die für das Schicksal Österreichs Verantwortlichen das nötige Rückgrat besitzen und wenn dieses notfalls durch die Opferbereitschaft des ganzen Volkes gestärkt wird.

3. KAPITEL

Sozialpartnerschaft – eine Erfindung, die das Streiken den Italienern und auch den Deutschen überließ

Bei einem Land, in dem sich 1984 nur 0,0098 Prozent aller Arbeitnehmer an einem Streik beteiligten (oder in absoluten Zahlen 268), kann es sich ganz gewiß nicht um Italien, aber auch nicht um die Bundesrepublik Deutschland handeln. Ob es sich dabei aber um ein Land handelt wie die Schweiz, in dem vom Streikrecht traditionellerweise kaum Gebrauch gemacht wird, oder um ein Land wie Jugoslawien, in dem Arbeitsniederlegungen eine im politischen System nicht vorgesehene Panne darstellen, ist bei diesen Zahlen nicht von vornherein zu entscheiden. Es handelt sich aber um Österreich, wo schon seit Jahren die vom Österreichischen Gewerkschaftsbund geführte Streikstatistik mit Sekunden operiert: So entfielen 1984 auf jeden österreichischen Arbeitnehmer 5,7 Streiksekunden; 1983 waren es 5,4 und 1982 gar nur 3,6 Streiksekunden. Die gängige Erklärung für dieses Phänomen lautet »Sozialpartnerschaft«, ein Begriff, der erst in den sechziger Jahren gebräuchlich wurde, doch eine Praxis, die sich bis in die Anfänge der Zweiten Republik zurückverfolgen läßt. Die Erfindung, Arbeitskonflikte am grünen Tisch und nicht auf der Straße auszutragen, wurde in Österreich zu einer Zeit gemacht, in der die Verteilungskämpfe eigentlich am härtesten hätten sein müssen, weil es so wenig zu verteilen gab. Daß sie schon in den ersten Nachkriegsjahren gemacht werden konnte, kann den Umständen der vierfachen Besetzung des Landes und der Koalition der beiden großen Parteien zugeschrieben werden; nicht zuletzt den organisatorischen Voraussetzungen eines überparteilichen Gewerkschaftsbundes und einer gesetzlichen Interessenvertretung der gesamten Wirtschaft. Will man jedoch die Erfinder der damals noch gar nicht so genannten Sozialpartnerschaft beim Namen nennen, so stößt man unweigerlich auf zwei »Männer vom Bau«, die schon in den zwanziger Jahren der Ersten Republik bei Kollektivvertragsverhandlungen die Klingen gekreuzt, seither aber aus leidvoller Erfahrung noch viel hinzugelernt hatten: Johann Böhm und Julius Raab.

Der sozialdemokratische Bauarbeiter und Gewerkschaftssekretär Böhm und der christlichsoziale Baumeister und Organisator der Handelskammern Raab aus der Ersten Republik standen sich am Beginn der Zweiten Republik im Alter von 58 und 54 Jahren als gereifte und mächtige Männer gegenüber: Beide hatten als Staatssekretäre der provisorischen Regierung Renner angehört, Böhm wurde nach den ersten freien Wahlen zweiter Präsident des Nationalrates und Raab Klubobmann seiner Parlamentsfraktion; Böhm stand seit 1945 als Präsident an der Spitze des überparteilichen Gewerkschaftsbundes und Raab seit 1946 als Präsident an der Spitze der gesetzlichen Interessenvertretung der gewerblichen Wirtschaft. Weder als Parteipolitiker noch als Verbändepolitiker vertraten sie die gleichen Auffassungen, doch wenn sie einander als »Schani« und »Julius« ansprachen, schwang dabei die Erkenntnis mit, daß sie neben gegensätzlichen Interessen auch noch etwas Gemeinsames zu vertreten hatten: So wie ein »Polier« und ein »Master« beim Bau hatten sie auch beim Wiederaufbau des Staates für ein friedliches Zusammenwirken zu sorgen. Eine lebendig gebliebene geschichtliche Erfahrung warnte sie davor, früher einmal in Österreich begangene Fehler zu wiederholen. Nach dem Ersten Weltkrieg hatte man eine galoppierende Inflation erst nach sechs Jahren bändigen können; erst 1924 war an die Stelle von 10 000 entwerteten Kronen der Schilling getreten. Fünf Jahre später hatte die Weltwirtschaftskrise das soziale, aber auch das politische Klima in Österreich erschüttert; im Höhepunkt dieser Krise hatte es mehr als 600 000 Arbeitslose gegeben. Und zehn Jahre nach der Stabilisierung der Währung war es durch den Bürgerkrieg des Jahres 1934 zur politischen Destabilisierung gekommen; dann hatte es nur noch vier Jahre gedauert, bis sich 1938 Repräsentanten aller den Nazis mißliebigen Richtungen auf den Straßen von Dachau und anderen Konzentrationslagern trafen.

Die Geschichte als Lehrmeisterin hatte zu den denkbar drastischsten Mitteln gegriffen, um den politischen Lagern, die Böhm und Raab repräsentierten, eine neue, friedlichere Form der Konfliktaustragung nahezulegen. Man stand vor den Trümmern des Zweiten Weltkriegs und unter dem Kuratel der vier Besatzungsmächte, das ungeachtet aller damit verbundenen Nachteile doch auch wie ein »Gipsverband« wirkte, in dem die in der Ersten Republik zu Bruch gegangene Solidarität der Österreicher ausheilen konnte. Die politische Konsequenz war durch die Zusammenarbeit der beiden großen Parteien in einer Koalitionsregierung gezogen worden. Damit war zwar ein Vorbild, aber noch keine für die Austragung von Interessengegensätzen zwischen Gewerkschaften und Unternehmern brauchbare Methode vorhanden. Nach Kriegsende gab es nur ein Drittel dessen, was vor dem Krieg vorhanden war, zu verteilen, während die geräuschlose Kriegsfinanzierung die Geldmenge auf das Siebenfache aufgebläht hatte. Noch 1946 litten die Menschen bei einem Tagessatz von 1200 Kalorien für den Normalverbraucher Hunger, und die Schwarzmarktpreise übertrafen die amtlichen Preise um das Vierzigfache. Das hätte auch den Nährboden für einen Kampf aller gegen alle abgeben können, bei dem sich jeder nur in den Besitz des längeren Messers für die

Verteilung des zu kleinen Brotlaibs zu setzen versucht. Das wieder aber hätte radikalen politischen Kräften die Möglichkeit geboten, die junge Demokratie aus den Angeln zu heben.

Der Beginn einer partnerschaftlichen Form der Konfliktaustragung zwischen dem Verlangen der Gewerkschaften nach höheren Löhnen und dem Verlangen der Unternehmer nach kostendeckenden Preisen fiel schon in die unmittelbare Nachkriegszeit. Der von der sowjetischen Besatzungsmacht festgesetzte Einheitslohn von 150 Schilling monatlich ließ sich nicht länger aufrechterhalten. Die Notwendigkeit einer differenzierteren Gestaltung von Löhnen und Preisen führte zu ersten informellen Kontakten zwischen Gewerkschafts- und Unternehmervertretern, die als Keimzelle der künftigen Sozialpartnerschaft bezeichnet werden können. Das Prinzip einer aufeinander abgestimmten schrittweisen Erhöhung von Löhnen, Preisen und Tarifen, einer durch Zurückhaltung aller Verhandlungspartner gebremsten und »paktierten« Inflation sollte eine galoppierende Inflation wie nach dem Ersten Weltkrieg verhindern. Das gute persönliche Verhältnis zwischen Böhm und Raab war dabei ebenso hilfreich wie die Fähigkeit zur Improvisation, die einen kleinen Personenkreis noch vor den von der Verfassung vorgesehenen Einrichtungen des Parlaments und der Regierung auf unkomplizierte Weise Kompromisse finden ließ. Deutlicher sichtbar wurde diese Vorgehensweise zum ersten Mal im Jahre 1947. Bis zum Juli dieses Jahres waren, gemessen am April des Jahres 1945, die Löhne um 111 Prozent und die Preise um 149 Prozent gestiegen. Weder reichten damit die Löhne zur Bezahlung von Schwarzmarktpreisen noch boten die amtlichen Preise einen genügenden Anreiz zur Steigerung der Produktion. Nur schrittweise konnte man sich von einer Kriegswirtschaft, in der Löhne und Preise diktiert worden waren, einer Marktwirtschaft nähern, in der sich durch eine bedarfsdeckende Produktion Löhne und Preise auch ohne staatliche Eingriffe aufeinander einspielen konnten. Mit dem ersten Lohn-Preis-Abkommen des Jahres 1947 wurden die Agrarpreise auf das 2,1fache Vorkriegsniveau, die Löhne auf das 2,3fache und die gewerblichen Preise auf das 2,3 bis 4,5fache angehoben.

Der Weichensteller dieser Maßnahme war die neugeschaffene Wirtschaftskommission der Bundeskammer der gewerblichen Wirtschaft, des Arbeiterkammertages, des Gewerkschaftsbundes und der Präsidentenkonferenz der Landwirtschaftskammern, die erste »Institutionalisierung« einer sozialpartnerschaftlichen Zusammenarbeit. Selbstverständlich paßte diese »sublimierte Form des Klassenkampfes«, wie Kreisky sie später einmal nannte, nicht in das politische Konzept der Kommunisten und eingefleischten Marxisten. Sie riefen zu Demonstrationen auf und versuchten den Kampf auf die Straße zu verlagern. Doch die überwältigende Mehrheit der Arbeiter, die in der Zeit der Besetzung durch Demonstrationen und politische Streiks nicht nur den sozialen Frieden, sondern die Demokratie gefährdet sah, leistete ihnen keine Gefolgschaft: weder 1947 noch 1950, als die Kommunisten gegen einen solchen »Preistreiberpakt« zum Generalstreik aufriefen und durch Rollkommandos gegen Arbeitswillige noch deutlicher ihre politischen Hintergedanken erkennen ließen. Die fünf Lohn-Preis-Abkommen, die zwischen 1947 und 1951 abgeschlossen wurden, erfüllten letzten Endes doch ihren Zweck, durch Verhandlungen radikalere Formen der Konfliktaustragung zur Ausnahme von der österreichischen Regel zu machen. Sie haben, wie der sozialistische Gewerkschaftspublizist Fritz Klenner betonte, »Österreichs zerrütteter Wirtschaft große Lohnkämpfe mit allen ihren wirtschaftlichen Nachteilen erspart« und »in einer kritischen Zeit entscheidend zur Erhaltung des sozialen Friedens beigetragen«. Und Julius Raab konnte als Bundeskanzler in seiner ersten Regierungserklärung am 15. April 1953 es »als besonderes Positivum gegenüber dem Ausland bezeichnen, daß die Auseinandersetzungen zwischen den verschiedenen Berufsständen hier in Österreich in vorbildlicher Weise ohne große Konflikte vor sich gegangen sind«.

Als die Zweite Republik im April des Jahres 1985 ihr vierzigjähriges Jubiläum feierte, hätte die Sozialpartnerschaft außerhalb des Protokolls Anspruch darauf erheben können, als die langlebigste Institution des Landes gewürdigt zu werden. Die Behauptung, daß Provisorien in Österreich am längsten dauern, wird durch sie insofern bestätigt, als sie in der Verfassung nicht vorgesehen war und auch im heute gültigen Verfassungstext mit keinem Wort erwähnt wird. Dennoch wird man, wenn nach den echten und die Verfassungswirklichkeit Österreichs prägenden Innovationen der Zweiten Republik gefragt wird, die Sozialpartnerschaft wohl an erster Stelle nennen müssen. Wenn auch zwischen der Wirtschaftskommission des Jahres 1947 und der seit 1957 bestehenden Paritätischen Kommission die Namen der Institutionen gewechselt haben, so ist doch das ihnen zugrunde liegende Prinzip das gleiche geblieben: eine auf freiwilligen Vereinbarungen der Partner beruhende Zusammenarbeit zwischen Arbeitern und Angestellten auf der einen und Unternehmern und Bauern auf der anderen Seite in Gremien, in denen sie durch je zwei Organisationen paritätisch vertreten sind und in denen Beschlüsse nach dem Einstimmigkeitsprinzip gefaßt werden müssen. Während die Regierungen in Österreich bisher sechsmal gewechselt haben, wobei durch jeweils zwei Jahrzehnte kleine Parteien oder jeweils eine der beiden großen Parteien von der Regierungsverantwortung ausgeschlossen waren, blieb die manchmal auch als »Nebenregierung« bezeichnete Sozialpartnerschaft in ihrem Kern unverändert, denn das Ausscheiden auch nur eines Partners hätte ja das Ende der Partnerschaft zur Folge gehabt. Lediglich im Verhältnis zwischen den vier Sozialpartnern und der Regierung traten Änderungen ein. Der 1951 unternommene

Versuch, die Arbeitgeber- und Arbeitnehmerorganisationen und die für Wirtschaftsfragen zuständigen Regierungsmitglieder in einem »Wirtschaftsdirektorium« auf gesetzlicher Grundlage zusammenzufassen, blieb ein Intermezzo, da der Verfassungsgerichtshof dieses Wirtschaftsdirektorium schon im nächsten Jahr als eine unzulässige Vermengung von Aufgaben der Regierung mit jenen der Interessenvertretungen wegen Verfassungswidrigkeit aufhob.

Dem Bedürfnis nach einer besser fundierten Zusammenarbeit zwischen Regierung und Interessenvertretungen wurde jedoch 1957 auf freiwilliger Basis durch die Errichtung der Paritätischen Kommission für Lohn- und Preisfragen Rechnung getragen. Der Vorsitz des Bundeskanzlers in dieser Kommission änderte nichts an der Tatsache, daß in ihr Beschlüsse nur in Form übereinstimmender Erklärungen der Sozialpartner zustandekommen können. In der Zeit der großen Koalition war die Bundesregierung in dieser Kommission durch den Bundeskanzler und den Handelsminister von der Volkspartei sowie durch den Innenminister und den Sozialminister von der Sozialistischen Partei vertreten. Als es 1966 zur Bildung der ersten Einparteienregierung durch die Volkspartei kam, verzichteten die Regierungsmitglieder symbolisch auf ihr Stimm-»Recht«, von dem auch später unter der Einparteienregierung der Sozialisten nie Gebrauch gemacht wurde. Seit der Errichtung der Paritätischen Kommission kam es 1962, 1963, 1971 und 1972 zu jeweils nach den Präsidenten der Bundeswirtschaftskammer und des Gewerkschaftsbundes benannten Abkommen. Neben den Zielen eines möglichst stabilen Preisniveaus und einer gesamtwirtschaftlich orientierten Lohnpolitik faßte man nun auch alle Möglichkeiten einer gesamtwirtschaftlichen Steuerung ins Auge. Die Paritätische Kommission wurde zum Kristallisationszentrum zahlreicher Gremien mit einer Verhandlungsdichte von mehr als 150 Sitzungen pro Jahr. Dennoch findet man sie in keinem Adreß- oder Telefonbuch. Die eigentlichen Entscheidungen fallen in den mehrstündigen Vorbesprechungen der vier Präsidenten, während die Vollversammlungen der Paritätischen Kommission oft nur wenige Minuten zur Protokollierung der dort gefaßten Beschlüsse brauchen. Über Löhne und Preise wird in eigenen Ausschüssen verhandelt. Mit Vertretern der Regierung erfolgt eine vierteljährliche wirtschaftspolitische Aussprache. Seit 1963 verfügen die Sozialpartner in ihrem Wirtschafts- und Sozialbeirat auch über einen »Denktank«, der bis 1985 rund 50 Studien mit Empfehlungscharakter publiziert hat. Zu ihnen gehören die mittelfristigen Budgetvorschauen, aber auch – um nur die jüngsten Beispiele zu nennen – Studien zur Arbeitszeitentwicklung oder zur Umweltpolitik. Damit bieten die Sozialpartner der jeweiligen Regierung wertvolle, freilich nicht immer ausreichend genutzte Entscheidungsgrundlagen.

In den Augen der österreichischen Bevölkerung besteht das Hauptverdienst der Sozialpartnerschaft nach wie vor in der Erhaltung des sozialen Friedens. Von einer Gefährdung dieses sozialen Friedens etwa im Ausmaß des einjährigen Bergarbeiterstreiks in Großbritannien konnte in Österreich nie die Rede sein. Der letzte politische Streik war ein Warnstreik mit 250 000 Teilnehmern im Jahre 1960, der sich gegen die angeblich beabsichtigte Ausfolgung von Habsburgervermögen richtete. Der letzte größere Streik war ein viertägiger Streik von 200 000 Metallarbeitern im Jahre 1962, in dem es auch zur »stundenweisen Staatenlosigkeit« durch einen Warnstreik der Exekutive kam. 1965, im letzten Jahr der großen Koalition, wurden noch Streiks in der Gesamtdauer von rund 3,4 Millionen Stunden durchgeführt. Entgegen der Befürchtung, das Ende der großen Koalition würde auch zum Ende des sozialen Friedens führen, kam es 1966, im ersten Jahr der ÖVP-Regierung, nur zu Streiks in der Dauer von 570 000 Stunden. Als dann 1968 unter dieser Regierung ein Rekord-

Tief an Streiks erreicht wurde, sah sich der sozialistische Präsident des Gewerkschaftsbundes zu dem Hinweis genötigt, daß die Dauer der Streiks kein Kriterium für den Erfolg der Gewerkschaften sei. Als dann unter der SPÖ-Regierung in den siebziger Jahren die Streikhäufigkeit noch weiter abnahm, drängte sich die Vermutung auf, daß die sozialistischen Gewerkschafter ihrer Regierung keine Schwierigkeiten bereiten wollten. Der Umstand, daß in dieser Zeit in Italien 156mal so viele Arbeitstage und in der Bundesrepublik fast fünfmal so viele Arbeitstage durch Streiks verlorengingen wie in Österreich, wurde jedoch von allen politischen Lagern als positiv und als Beweis für das Weiterfunktionieren der Sozialpartnerschaft unter wechselnden Regierungen gewertet. Daß Österreich 1980 mit seiner Streikhäufigkeit unter 18 westlichen Industriestaaten an vorletzter Stelle lag, wurde von der Bevölkerung durchaus nicht als Mangel empfunden.

Wenn die Sozialpartnerschaft in der wechselnden Szene der österreichischen Innenpolitik so etwas wie einen ruhenden Pol bilden konnte, so lag das nicht zuletzt an ihren höchsten Repräsentanten. Seit Böhm und Raab sind der Präsident des Gewerkschaftsbundes und der Präsident der Bundeswirtschaftskammer zu den »Säulen« der Sozialpartnerschaft geworden. Böhm blieb vierzehn Jahre lang Präsident des Gewerkschaftsbundes, Raab war elf Jahre lang Präsident der Bundeswirtschaftskammer, unterbrochen von den acht Jahren seiner Kanzlerzeit, in die die Gründung der Paritätischen Kommission fiel. Die nach der Verfassung zulässige längste Amtszeit eines Bundespräsidenten von zwölf Jahren und die bisher längste Amtszeit eines Bundeskanzlers von dreizehn Jahren wurde von den heute als »Säulen« der Sozialpartnerschaft geltenden Präsidenten Benya und Sallinger noch deutlicher übertroffen. Im vierzigsten Jahr der Zweiten Republik war der 73jährige Anton Benya bereits seit 22 Jahren Präsident des Gewerkschaftsbundes und der 69jährige Rudolf

Sallinger bereits seit 21 Jahren Präsident der Bundeswirtschaftskammer. Der einstige Metallarbeiter und Sozialist Benya, der seit 1971 auch Präsident des Nationalrates ist, und der seinen Betrieb führende Steinmetzmeister Sallinger, der als Wirtschaftsbundobmann in der Volkspartei eine maßgebende Rolle spielt, stehen sich persönlich nicht ganz so nahe wie Böhm und Raab, besitzen aber doch einen »direkten Draht«, über den sie bisher ungeachtet aller Belastungsproben miteinander im Gespräch bleiben konnten. An solchen Belastungsproben hat es insbesondere nach dem Rollentausch der beiden großen Parteien im Jahre 1970 nicht gefehlt.

Für Benya als Präsidenten des 1,7 Millionen Mitglieder zählenden Gewerkschaftsbundes ergab sich nach der Übernahme der Regierungsverantwortung und der Erringung der absoluten Mehrheit durch die SPÖ die Möglichkeit, Forderungen auch gegen den Willen der Wirtschaft durchzusetzen. Für Sallinger als Präsidenten der Handelskammerorganisation mit einer Viertelmillion Mitgliedern wieder ergab sich ungeachtet der Oppositionsrolle seiner Partei die Notwendigkeit, mit der Regierung zu verhandeln, um Wünsche der Wirtschaft wenigstens teilweise durchzusetzen oder die ärgsten Belastungen von ihr abzuwehren. Die verallgemeinernde Behauptung, in Österreich sei »ein Lobbyismus nicht unbedingt erforderlich, da die Lobbyisten selbst im Parlament sitzen«, traf zwar insofern zu, als weiterhin mehr als die Hälfte der Parlamentarier Verbändefunktionäre waren, doch entfielen dabei auf die Arbeitnehmerverbände doppelt so viele Parlamentarier wie auf die Arbeitgeberverbände. Die sozialistische Regierung mit ihrer in den Jahren 1971 bis 1983 absoluten Parlamentsmehrheit hatte daher bei einfachgesetzlichen Maßnahmen immer noch die Wahl, diese entweder durch einen vorgeschalteten Sozialpartnerkonsens außer Streit stellen zu lassen oder aber sie über den Kopf eines Sozialpartners hinweg beschließen zu lassen.

Das Konfliktausgleichssystem der Sozialpartnerschaft konnte in dieser Situation nicht mehr im gleichen Maße als vorparlamentarischer »Filter« für wirtschafts- und sozialpolitische Entscheidungen wirken wie in der Zeit der großen Koalition. Natürlich hatte die Regierung nichts dagegen, wenn die Sozialpartner nach wie vor für eine Prüfung, Verzögerung und bessere Streuung von Lohn- und Preiserhöhungen sorgten oder drohende Streiks durch ihr Krisenmanagement verhinderten. Wo wie im Falle der Verlängerung der Wirtschaftsgesetze eine Zweidrittelmehrheit erforderlich war, nahm die Regierung gleichfalls die guten Dienste der Sozialpartner in Anspruch, um über einen toten Punkt bei den Verhandlungen hinwegzukommen. Bei einfachen Gesetzen wie zur Erhöhung von Steuern aber wurde von der Regierung kein Konsens der Sozialpartner abgewartet, auch wenn von ihnen die Wirtschaft unmittelbar betroffen wurde. Nur dort, wo vitale Interessen der Sozialpartner auf dem Spiel standen wie etwa beim Arbeitsverfassungsgesetz des Jahres 1973, kam es zu Kompromissen, weil ein Diktat eines Partners bereits zur Aufhebung des Prinzips der Partnerschaft geführt hätte. In seiner am 31. Mai 1983 abgegebenen Regierungserklärung hob Bundeskanzler Sinowatz auch namens der SPÖ-FPÖ-Regierung den »Beitrag der Sozialpartnerschaft zur sozialen und politischen Stabilität Österreichs« ausdrücklich hervor. Die Regierung praktizierte jedoch weiterhin die »Doppelstrategie« der SPÖ: Dabei erhebt meist der Sozialminister im Zusammenhang mit einer generellen Arbeitszeitverkürzung oder einer neuerlichen Novellierung des Arbeitsverfassungsgesetzes die gewerkschaftlichen Maximalforderungen; dann überläßt man es den Sozialpartnern, darüber zu verhandeln, doch läßt man über diesen Verhandlungen das Damoklesschwert einer parlamentarischen Mehrheitsentscheidung schweben. Das Klischee von einer »Nebenregierung« der Sozialpartner, die als institutionalisierter

»Vorregler« aller sie betreffenden politischen Entscheidungen fungiert, deckt sich heute aber auch aus anderen Gründen nicht mit der Wirklichkeit.

Eine Institution von der in der Verfassung nicht vorgesehenen Eigenart und Langlebigkeit der Sozialpartnerschaft unterliegt zwangsläufig auch der Legendenbildung. Der seinerzeit gegen die große Koalition gerichtete Vorwurf, in ihrem Koalitionsausschuß werde alles schon vorher »ausgepackelt« und in den parlamentarischen Beschlüssen eigentlich nur noch nachvollzogen, wird gleichsam mit Verspätung an die Adresse der Sozialpartner gerichtet. Das einprägsame Bild von den mächtigen Sozialpartnern, die hinter verschlossenen Türen als »Nebenregierung« die Vorentscheidungen treffen, hat so nicht nur Tradition, es befriedigt auch die unterschiedlichsten Kritikbedürfnisse. Aus der linken Ecke erscheinen sozialpartnerschaftliche Kompromisse als »Verrat« an der Arbeiterklasse und aus der rechten als Vorstufe zum »Gewerkschaftsstaat«. Politologen bemängeln die fehlende Transparenz und die ungenügende demokratische Legitimation des sozialpartnerschaftlichen Entscheidungsprozesses, der sich über die schwächer organisierten Interessen Dritter hinwegzusetzen versucht. Wie sehr es dabei zu einer Überzeichnung der Wirklichkeit kommen kann, zeigte jedoch als jüngstes Beispiel die Energiepolitik. Hier reichte das Gewicht der in ihren Auffassungen weitgehend übereinstimmenden Sozialpartner nicht aus, Entscheidungen herbeizuführen. Das Gewicht der Sozialpartner ist nach vierzig Jahren der Zweiten Republik aus einer Reihe von Gründen anders einzuschätzen als in den beiden Nachkriegsjahrzehnten. Die Regierungen sind seit 1966 nicht mehr »Spiegelbilder« der von den Sozialpartnern vertretenen Bevölkerungsgruppen. Auch innerhalb der beiden großen Parteien spielen die Stammwähler, die sich aus den traditionellen Berufen rekrutierten, eine immer geringere Rolle. Der politische Willensbildungsprozeß wird durch eine wachsende Zahl wechselbereiter Wähler, durch politische Gruppierungen außerhalb der etablierten Parteien und nicht zuletzt durch die Thematisierungsmacht der Medien mitbestimmt. Zum Unterschied von Themen wie Arbeitsplatzsicherung und Preisstabilität, die in die traditionelle Kompetenz der Sozialpartner fielen, steht heute mit dem Umweltschutz ein Thema an der Spitze der Dringlichkeitsliste der Bevölkerung, das quer zum eingespielten Konfliktausgleichsschema der Sozialpartner liegt. Dennoch sieht nur ein relativ kleiner Teil der österreichischen Bevölkerung die Sozialpartnerschaft als überholt an. 1978 sprachen sich 29 Prozent der Befragten für einen noch größeren Einfluß der Sozialpartner aus, 1985 waren es sogar 42 Prozent. Und 62 Prozent betrachteten die Sozialpartnerschaft als überwiegend vorteilhafte Einrichtung. Manche Politologen interpretieren dies freilich nur als Ausdruck des in Österreich herrschenden »Mangels an Konfliktfreudigkeit«. Auf der anderen Seite müssen sie aber zugeben, daß das von den Parteien gebotene Bild der Konfliktaustragung oft nur wie ein vorgespieltes »Theater« wirkt.

Die Frage nach der zukünftigen Bedeutung des Konfliktausgleichssystems der Sozialpartnerschaft ist aus verschiedenen Perspektiven zu stellen. Aus der Perspektive eines neutralen Staates, der weder seine Demokratie noch seine Wirtschaft allzu großen Belastungsproben aussetzen sollte, kommt der Erhaltung des sozialen Friedens nach wie vor große Bedeutung zu. Aus der Perspektive des demokratischen Willensbildungsprozesses würde eine Verankerung der Sozialpartnerschaft in der Verfassung erst recht die Gefahr eines institutionalisierten »Vorreglers« politischer Entscheidungen heraufbeschwören; aber auch als freiwillige, Gesetzentwürfe vorbegutachtende Einrichtung der gesetzlichen Interessenvertretungen werden die Sozialpartner damit rechnen müssen, daß sich die Gesetzgebung nicht mehr im gleichen

Umfang wie früher über die repräsentative Demokratie kanalisieren läßt. Aus der Perspektive der in Zukunft vordringlichen Problemlösungen zeichnet sich sowohl eine schwieriger werdende als auch eine noch ungewohnte Aufgabenstellung der Sozialpartner ab: Bei zunehmender Arbeitslosigkeit, nur noch durch Einsparungen oder Mehrbelastungen sanierbaren Budgets und Sozialversicherungsträgern werden Kompromisse schwerer erzielbar sein als in der Zeit der noch rasch wachsenden Wirtschaft; und in der Umweltschutzpolitik werden die Sozialpartner in sich einen Interessenausgleich zwischen den am Produktionsprozeß Beteiligten und den von den Folgen dieses Produktionsprozesses Betroffenen finden müssen. Dazu bedarf es nicht der Erfindung eines neuen »Sozialpartners«, denn zwischen diesen Personenkreisen besteht ja weitgehende Identität, wohl aber bedarf es des Nachweises, daß in einer sozialen Partnerschaft auch ökologische Probleme besser lösbar sind.

Die historische Herausforderung der Sozialpartnerschaft bestand darin, Konflikte, die früher auf der Straße ausgetragen wurden, am Verhandlungstisch zu lösen. Wenn heute Konflikte anderer Art im Freien ausgetragen werden, wenn nicht Arbeiter für höhere Löhne streiken, sondern Studenten, aber keineswegs nur Studenten, gegen Kraftwerksprojekte protestieren und »Streikposten« das Fällen von Bäumen verhindern, ist die Versuchung groß, darin eine neue Form eines unvermeidlichen Kampfes zu sehen, die sich vom Klassenkampf nur durch andere »Feindbilder« unterscheidet. Die Geschichte der Zweiten Republik sollte jedoch lehren, daß Knappheitsprobleme welcher Art auch immer durch ein partnerschaftliches Prinzip lösbar sind. An der Wiege der Sozialpartnerschaft standen Persönlichkeiten mit hoher Autorität und der Bereitschaft zu politischer Innovation. Das könnte sich unter neuen Vorzeichen auch noch für die Zukunft als hilfreich erweisen.

Was nur innerhalb der Grenzen Österreichs möglich war

4. KAPITEL

Eine Republik, in der die Traditionen der Monarchie den »Habsburgkannibalismus« überlebten

»Österreich ist eine demokratische Republik.« So lauten die ersten Worte der österreichischen Bundesverfassung. Aber ist die Verfassung, in der sich Österreich befindet, wirklich eine republikanische? De jure wurde die Monarchie 1918 abgeschafft. De facto aber lebt sie nicht nur als Tradition, sondern auch noch in vielen aus ihrer Zeit stammenden Verhaltensweisen weiter. Denn die Tradition der Republik ist ungeachtet des vierzigjährigen Jubiläums, das die Zweite Republik 1985 feiern konnte, immer noch eine verhältnismäßig junge. Österreichs vorletzter Kaiser Franz Joseph brachte es auf eine 68jährige Regierungszeit. Unter Anrechnung der zwanzig Jahre der Ersten Republik würde diese Regierungsspanne in der Zweiten Republik noch bis zum Jahre 1993 dauern. Aber auch der Umstand, schon seit 1916 tot zu sein, hindert den alten Kaiser nicht, in der Gegenwart immer wieder Diskussionen über die von Karl Kraus aufgeworfene Frage »Wie war er?« auszulösen. Ein so prominenter Autor wie der frühere Unterrichtsminister Dr. Drimmel versuchte darauf 1983 mit »Franz Joseph – Biographie einer Epoche« eine Antwort zu geben, aber auch ein Jahr später ein Anonymus unter dem Titel »Kaiser Franz Joseph I. und sein Hof«. Was Franz Joseph unter dem Titel »An meine Völker« und mit den Worten »Ich habe alles geprüft und erwogen« am

28. Juli 1914 von Bad Ischl aus verkündet hatte, stand 70 Jahre nach Ausbruch des Ersten Weltkriegs weniger im Vordergrund. Vielmehr feierte man am 18. August 1984 wie alljährlich in Bad Ischl die Kaisermesse, bei der zum Schluß über tausend Gläubige die alte Kaiserhymne sangen.

Die niederösterreichische Landesausstellung zum Thema »Franz Joseph und seine Zeit« im Schloß Grafenegg brachte es 1984 auf über 380 000 Besucher. Thematischer Mittelpunkt war der alte Kaiser auch bei einer Diskussion über das gleiche Thema in der Fernsehsendung »Café Central« am 20. September 1984 mit einer Rekordzuschauerzahl von über 700 000. Optisch nahm dabei der 73jährige, nun vollbärtige, Bruno Kreisky, ehemals sozialistischer Bundeskanzler mit der republikanischen Rekordamtszeit von 13 Jahren, den Platz des alten Kaisers ein. Der 23jährige bartlose Karl Habsburg-Lothringen, ältester Sohn des früheren Thronfolgers Erzherzog Otto, ließ sich bei dieser Sendung nicht auf die Kronprinzenrolle festlegen, obwohl er bei anderer Gelegenheit keinen Zweifel darüber ließ, daß er – womöglich in Österreich – Politiker werden will. Der früher oft als »Sonnenkönig« titulierte Kreisky erntete bei dieser Diskussion für seine Bemerkung: »Es ist nicht leicht, ein Monarch zu sein«, doppelsinniges Gelächter. Mögen auch Spitznamen unverdient sein, mit dem Habsburgermythos hatte Kreisky schon spekuliert, als er noch glattrasierter Bundeskanzler war: Auf der Titelseite einer Wahlbroschüre seiner Partei wurde er 1979 – sicher nicht gegen seinen Willen – unter dem Bild des jungen Kaisers Franz Joseph sitzend fotografiert. Im Laufe der Fernsehsendung exkulpierte Kreisky eine Republik, die sich immer noch in dem von der Monarchie verbliebenen Glanz zu sonnen versteht, im unbeabsichtigten Majestätsplural: »Wir sind doch Rechtsnachfolger.«

Als die 90jährige Exkaiserin Zita nach 63 Jahren im Exil 1982 vor dem Stephansdom eintraf, wurde sie, wenn auch nur auf Bezirksebene, als Kaiserliche Hoheit in der k. u. k. Residenzstadt Wien begrüßt. Hier »residieren« noch heute die höchsten Repräsentanten der Republik, wo einst die Habsburger und der Adel residierten: der Bundespräsident im Leopoldinischen Trakt der Hofburg, wo einst Kaiserin Maria Theresia wohnte, und auf der anderen Seite des Ballhausplatzes in der ehemaligen Hof- und Staatskanzlei Metternichs, in der der Wiener Kongreß tagte, der Bundeskanzler, in dessen Amtsgebäude sich auch das Außenministerium befindet und allwöchentlich der Ministerrat zusammentritt. Die Überquerung des nach einem Ballspielhaus benannten Platzes gehört mit zum republikanischen »Zeremoniell« der Angelobung neuer Regierungen und Regierungsmitglieder.

Noch 1953 konnte sich der von der Volkspartei zum Bundeskanzler vorgeschlagene Julius Raab bei dem 1951 zum Bundespräsidenten gewählten Sozialisten Theodor Körner in der Hofburg mit den Worten melden: »Herr Oberst, Sappeuroberleutnant der Reserve Julius Raab meldet sich gehorsamst zur Stelle ...« Denn beide Politiker hatten einst die Uniform der k. u. k. Armee getragen.

Nicht weit vom Ballhausplatz teilen sich das Unterrichtsministerium und das Ministerium für Wissenschaft und Forschung das ehemalige Palais Starhemberg, während das Innenministerium im Modenapalais sein Quartier aufgeschlagen hat. Im Winterpalais des Prinzen Eugen ist das Finanzministerium und seit einiger Zeit auch das Familienministerium untergebracht. Das Justizministerium befindet sich im Palais Trautson, während im wiederaufgebauten und für die Republik zu großen ehemaligen Kriegsministerium der Monarchie gleich fünf Ministerien Platz gefunden haben. Die ehemalige Böhmische Hofkanzlei ist heute der Sitz des Verfassungs- und des Verwaltungsgerichtshofes. Staatsbesuche pflegen im Hotel Imperial, dem früheren Palais des Herzogs von Württemberg, zu logieren. Die Unterzeichnung des Staatsvertrages erfolgte im Oberen Belvedere, im Sommerpalais des Prinzen Eugen, in dem bis 1914 der Thronfolger Erzherzog Ferdinand residiert hat. Und für große Staatsempfänge steht Schloß Schönbrunn zur Verfügung, in dem einst der kaiserliche »Einsiedler von Schönbrunn« sein spartanisches Leben führte.

Vom »Gebäude« der Habsburgerherrschaft ist nicht viel übrig geblieben. Aus dem Vielvölkerstaat wurden viele Staaten mit Völkern, die zuerst ihre eigenen Wege gingen und heute oft wieder einen vorgeschriebenen Weg gehen müssen. Sie betrachten die alte Monarchie nicht mehr als »Völkerkerker« und feiern in Friaul sogar noch den Geburtstag Kaiser Franz Josephs. Die Republik Österreich aber wird in den Gebäuden der alten k. u. k. Residenzstadt Wien als »Untermieter« auch in Zukunft einen Repräsentationsstil entwickeln können, der Vergleiche mit noch bestehenden Monarchien, aber auch mit dem Kreml oder dem Weißen Haus nicht zu scheuen braucht.

Was in den Amtsgebäuden, die den Wechsel der Staatsform überlebten, weiterexistiert, ist nicht nur totes Gestein. In der Bürokratie der Ministerien wirkt die Tradition der Monarchie weiter, auch wenn die Beamtenuniformen ein Requisit des 19. Jahrhunderts blieben und an die Stelle der Rangklassen Dienstklassen getreten sind. Von 19 im Amtskalender des Jahres 1910 angeführten Titeln sind 15, darunter der »Hofrat«, noch immer in Gebrauch. Das Hinaufdienen, das in der Zeit der Monarchie auch von der Bezirkshauptmannschaft über die Statthalterei ins Ministerium üblich war, ist keineswegs leichter geworden. Die Karriere der Beamten ist durch die bildungsbedingte Dienstklasse weitgehend vorherbestimmt und nicht ohne »Ersitzungszeiten« möglich. Wenn in der ehemaligen Hof- und Staatskanzlei, dem heutigen Bundeskanzleramt, an jedem Dienstag der Ministerrat zusammentritt, sind die Minister der Republik zwar ganz unter

in einem Brief an den damaligen Bundeskanzler Dr. Schuschnigg für die Wiederherstellung der staatsbürgerlichen Rechte der sozialdemokratisch gesinnten Österreicher eingesetzt und sich am 2. Juli 1945 in einem Brief an den Präsidenten der Vereinigten Staaten Truman gegen eine Anerkennung der noch nicht aufgrund freier Wahlen zusammengesetzten Provisorischen Regierung ausgesprochen.

Als Buchautor hatte er seine Bedenken gegen eine unbeschränkte Volkssouveränität und seine Vorliebe für ein modernes Königtum wiederholt zu Papier gebracht und die Rolle eines Monarchen als die eines »obersten Verfassungsrichters« skizziert.

Die auf dem Boden der Republik stehenden, im Parlament vertretenen Parteien hatten sich jedoch nie bemüßigt gefühlt, sich mit diesen Ideen auseinanderzusetzen. Von einer monarchistischen Bewegung, die die Grundfesten der Republik erschüttern hätte können, konnte auch in jener Zeit, in der politische »Wallfahrten« zu dem in Pöcking im Exil weilenden Habsburger stattfanden, keine Rede sein. Die einzige wahlwerbende Gruppe, die sich bei Nationalratswahlen offen zur Monarchie bekannte, der 1953 kandidierende »Bund der Monarchisten«, erhielt ganze 1210 Stimmen. Die Zahl derer, die mit der Idee eines überparteilichen, nicht aus Wahlen hervorgehenden Staatsoberhauptes oder mit Otto Habsburg-Lothringen persönlich sympathisierte, war zweifellos größer. Aber selbst unter der Annahme, die Wiedereinführung der Monarchie könnte Gegenstand einer Volksabstimmung werden, konnten sich nicht mehr als 11 Prozent der Österreicher für diesen Gedanken erwärmen.

Als die österreichische Regierungsdelegation 1955 in Moskau über das Thema Staatsvertrag verhandelte, wurde von der Sowjetunion vorgeschlagen, die Bedingungen für eine Rückkehr der Habsburger in den Vertrag aufzunehmen. Bundeskanzler Raab lehnte dies vorerst ab, weil dies eine innenpolitische und überdies durch das Habsburgergesetz geklärte Frage sei. Die Sozialisten hingegen sorgten für einen solchen Staatsvertragspassus, doch innenpolitischen Diskussionsstoff lieferte diese Frage damals nicht. Noch im Jahre 1958, als Otto Habsburg-Lothringen Raab mitteilte, er wolle auf seine Thronansprüche verzichten und nach Österreich zurückkehren, begnügte sich das sozialistische Zentralorgan mit der Feststellung, wenn er diesen Wunsch habe, muß »er das tun, was das Gesetz von ihm verlangt«. Am 31. Mai 1961 gab dann Otto Habsburg-Lothringen die im § 2 des Landesverweisungsgesetzes vom 3. April 1919 vorgesehene Loyalitätserklärung ab, mit der er auf alle Herrschaftsansprüche verzichtete und sich als getreuer Staatsbürger der Republik bekannte.

Nach der Rechtslage hätte er nun in seine Heimat zurückkehren können, wenn sich nicht inzwischen die innenpolitische Situation geändert hätte. Obwohl Österreich noch immer von einer großen Koalition regiert wurde, so hatte sich doch in ihr eine Pattstellung zwischen den beiden großen Parteien ergeben. 1957 wurde der bisherige sozialistische Vizekanzler Dr. Adolf Schärf zum Bundespräsidenten gewählt. Sein Nachfolger im Kabinett Raab wurde Dr. Bruno Pittermann, der sich auf Grund des Ergebnisses der Nationalratswahlen des Jahres 1959 als gleichgewichtiger Partner fühlen durfte. In der ÖVP hatten die Reformer Raab 1960 als Bundesparteiobmann durch Dr. Alfons Gorbach abgelöst und ihn als Generalsekretär Dr. Hermann Withalm zur Seite gestellt, der sich bald den Ruf eines »eisernen Hermanns« erwarb. In der SPÖ wieder war 1961 Gewerkschaftsbundpräsident Franz Olah als Zweiter Präsident des Nationalrates zurückgetreten und zum innerparteilichen Rivalen Pittermanns geworden. Als Gorbach am 11. April 1961 an Stelle von Raab Bundeskanzler wurde, wollten die Reformer in seiner Partei die erstarrte Koalition durch einen koalitionsfreien Raum wieder flottmachen, während Olah bereits mit dem Gedanken spielte, die ÖVP durch eine kleine Koalition zwischen SPÖ und FPÖ überhaupt aus der Regierung auszubooten.

Erst vor diesem Hintergrund wird die Eskalation der Habsburgfrage in den nächsten zwei Jahren verständlich. Als am 13. Juni 1961 der Ministerrat des knapp zwei Monate alten Kabinetts Gorbach die Loyalitätserklärung Otto Habsburg-Lothringens zu behandeln hatte, konnte keine Übereinstimmung erzielt werden. Was der Volkspartei als reine Rechtsfrage erschien, wurde in den Augen der Sozialisten zur Koalitionsfrage. Sie betrachteten die Loyalitätserklärung als »Trojanisches Pferd«, mit dem ein, wie sie unterstellten, in Wirklichkeit nicht verzichtbereiter Thronfolger in die Republik »eingeschmuggelt« werden sollte. Sie entschlossen sich, das »Drama einer Bedrohung der Republik« zu inszenieren, um auf der politischen Bühne eine neue Rollenverteilung herbeizuführen. Da durch die Nichteinigung im Ministerrat die Loyalitätserklärung als abgelehnt galt, beschritt Otto Habsburg-Lothringen den Rechtsweg. Der von ihm angerufene Verfassungsgerichtshof erklärte sich für unzuständig, worauf sich der Beschwerdeführer an den Verwaltungsgerichtshof wandte, der in seinem Erkenntnis vom 24. Mai 1963 die Loyalitätserklärung als ausreichend qualifizierte. Die sozialistische Parteiführung entfachte daraufhin einen Sturm der Entrüstung. Der damalige Justizminister Dr. Broda erklärte vor dem Parteitag unter stürmischem Beifall: »Und nun erhebe ich Anklage gegen die Richter des Verwaltungsgerichtshofes«, und er behauptete: »In diesem Erkenntnis wird in Nebensätzen eine juristische Staatsstreichtheorie vertreten.« In einer Entschließung des SPÖ-Parteitages vom 8. Juni 1963 hieß es: »Die Sicherheit der Republik erfordert die Ablehnung der Rückkehr des Otto Habsburg.«

Um dieses Ziel zu erreichen, waren die Sozialisten bereit, um den höchsten Einsatz zu spielen: Die düstersten Tage der Ersten Republik wurden heraufbeschworen, die Möglichkeit, in letzter Instanz das Volk zu befragen, wurde erwogen, und die bisher opponierende Freiheitliche Partei wurde von der mitregierenden SPÖ zur Republikschützerin aufgewertet. Die ÖVP als stärkste Partei, die das höchstgerichtliche Urteil respektierte, konnte nur den ihrer Meinung nach gültigen Rechtsstandpunkt vertreten, aber dafür keine parlamentarische Mehrheit finden.

Am 4. Juli 1963 kam es zu einer der turbulentesten Parlamentssitzungen der Zweiten Republik. Hermann Withalm, dafür bekannt, daß er um so ruhiger wurde, je ärger sein politischer Gegner in Rage kam, konfrontierte als Hauptsprecher der Volkspartei die Sozialisten mit deren früher eingenommenen Standpunkt, demzufolge eine solche Verzichtserklärung ausreichend gewesen wäre, und erntete dafür eine Flut von Zwischenrufen, die ihn als »Provokateur, Saboteur, Giftmischer, Totengräber und Faschist« titulierten. Die Habsburgfrage schien zum kaum noch entschärfbaren Sprengsatz der großen Koalition und zum brauchbaren Treibsatz für den Start einer kleinen Koalition geworden zu sein. SPÖ und FPÖ stimmten in dieser Sitzung des Nationalrates gemeinsam für einen Entschließungsantrag, der die Regierung der ÖVP und der SPÖ aufforderte, dafür zu sorgen, daß Otto Habsburg-Lothringen unbeschadet des höchstgerichtlichen Erkenntnisses außer Landes bleibt.

Die Zeit für die Bildung einer kleinen Koalition war jedoch aus anderen Gründen noch nicht reif. Auf Grund des Ergebnisses der Nationalratswahlen des Jahres 1962 besaß die Volkspartei durch einen Vorsprung von fünf Mandaten gegenüber den Sozialisten zumindestens den moralischen Führungsanspruch. Die Sozialisten verfügten zwar gemeinsam mit den Freiheitlichen über eine regierungsfähige Mehrheit, doch um einen solchen fliegenden Regierungswechsel zu bewerkstelligen, fehlte es an zwei Voraussetzungen: an der Zustimmung des Bundespräsidenten Schärf, der doch der großen Koalition den Vorzug gab, und an der Einigkeit der SPÖ, in der sich wachsender Widerstand gegen einen dafür prädestinierten Bundeskanzler Olah bemerkbar machte. Dennoch blieb die Causa Habsburg auf der Tagesordnung der großen Koalition. Als die ÖVP, die 1963 Dr. Josef Klaus in einer Kampfabstimmung zu ihrem Bundesparteiobmann gewählt hatte, 1964 Klaus an Stelle von Gorbach als Bundeskanzler nominierte, konnten die Sozialisten noch einmal die Hebelwirkung der Habsburgfrage erproben. Ohne das Recht zur Nominierung des Bundeskanzlers durch die stärkere Partei bestreiten zu können, bot ihnen doch die Formulierung der gemeinsamen Regierungserklärung die Möglichkeit, auf einen auch ihnen genehmen Habsburgpassus dieser Erklärung zu bestehen.

Ein vorläufiger Ausweg konnte nur mit Hilfe von Otto Habsburg-Lothringen selbst gefunden werden. So fuhr ÖVP-Generalsekretär Withalm eigens zu ihm nach Pöcking. Als Ergebnis der dort geführten Verhandlungen lag dann am 22. März 1964 eine von Otto Habsburg-Lothringen unterzeichnete Erklärung vor. In ihr bezog er sich auf den Entschluß der beiden Regierungsparteien, nach der Umbildung der Regierung eine gemeinsame und friedliche Lösung nach dem rechtsstaatlichen Prinzip zu suchen. Um seinen Beitrag dazu zu leisten, sei er bereit, unter voller Wahrung seiner Rechte als Staatsbürger der Republik Österreich auf die Dauer der erforderlichen Verhandlungen, längstens aber bis zum Ablauf der gegenwärtigen Legislaturperiode von seinem Recht auf Einreise nicht Gebrauch zu machen. Die seit 28. Februar andauernden Verhandlungen über die Regierungsbildung, in deren Verlauf die Sozialisten vergeblich vorgeschlagen hatten, die Habsburgfrage durch eine Volksabstimmung lösen zu lassen, konnten erst am 24. März beendet werden.

Bundeskanzler Klaus wies in seiner am 2. April 1964 abgegebenen Regierungserklärung auf die Entscheidungen der Höchstgerichte, die mehrheitlichen Entschließungen des National- und Bundesrates und die nach wie vor voneinander abweichenden Rechtsstandpunkte der beiden Regierungsparteien hin. Angesichts dieses Zustandes seien sie entschlossen, die Habsburgfrage in Wahrung der Verfassung und des Rechtsstaates gemeinsam in friedlicher Weise zu lösen. Dank der Erklärung Otto Habsburg-Lothringens konnte in diese Regierungserklärung auch der Passus aufgenommen werden: »Die Bundesregierung wird dafür sorgen, daß es mittlerweile nicht durch übereilte Schritte irgendeiner Seite, insbesondere durch eine Rückkehr von Dr. Otto Habsburg-Lothringen zu politischer Zwietracht und damit zu einer neuen Bedrohung der Zusammenarbeit kommt.«

Rückblickend erscheint das »Drama« nur mehr als Komödie und ihre Hauptperson durchaus als Nebenfigur. Noch in der Zeit der großen Koalition suchte Otto Habsburg-Lothringen im österreichischen Konsulat in München um einen Paß an. Ausgestellt wurde er ihm in der Zeit der ÖVP-Regierung am 1. Juni 1966. Am 31. Oktober dieses Jahres betrat er zum ersten Mal und nur für wenige Stunden österreichischen Boden. Aufsehen erregten lediglich seine im Juli 1967 unternommene Reise durch Osttirol und am 4. Mai 1972 der Händedruck, den der sozialistische Bundeskanzler Kreisky mit ihm anläßlich des Kongresses »Fünfzig Jahre Paneuropa-Union« in Wien tauschte. Zu einer »authentischen Interpretation« dieses Händedrucks sah sich nur das sozialistische Zentralorgan »Arbeiter-Zeitung« genötigt: Er sei »Ausdruck einer selbstverständlichen Höflichkeit«, und im übrigen habe sich gezeigt, daß »sich Dr. Habsburg getreu an die Erklärung, die er der Republik gab, hält«. Ein- und

Ausreisen des Otto Habsburg-Lothringen, der die bundesdeutsche und die österreichische Staatsbürgerschaft besitzt, werden heute in der Öffentlichkeit nicht mehr registriert. Sein ältester Sohn Karl Habsburg-Lothringen wurde 1984 in der Fernsehsendung »Café Central« von Altbundeskanzler Kreisky vorsichtshalber mit »Herr Fähnrich« angesprochen. Die Hauptperson aber war bei diesem Anlaß Kaiser Franz Joseph. Strittig war nicht mehr die Einreise Ottos, strittig war nur, ob Franz Joseph eine Verkörperung der guten alten Zeit oder der Unfähigkeit zur zeitgerechten Erneuerung gewesen sei. Und nur wenn sich alle Österreicher darüber so ereifern könnten wie Historiker und Psychiater, könnte die Habsburgfrage noch einmal aktuell werden.

Aktueller ist die Frage, was die Republikaner nach vierzig Jahren der Zweiten Republik unter der *res publica* verstehen – denn der Thron wird auch in Zukunft leer bleiben. Dennoch sollten sich die Republikaner nicht verwaist vorkommen, sondern erkennen, daß sie es sind, die die öffentlichen Angelegenheiten zu den ihren machen müssen. Mag auch die innere Ordnung der Republik unproblematischer erscheinen als die des Vielvölkerstaates der alten Monarchie, Zustände, die beklagenswert, und Reformen, die notwendig erscheinen, können in der Republik nur vordergründig »denen da oben« als Verantwortung angelastet werden. Denn da oben wird ja keine Herrschaft von Gottes Gnaden ausgeübt. Republikaner haben nur die Regierung, die sie verdienen. Erscheint ihnen die selbstgewählte Herrschaft zu absolut und zu wenig kontrolliert, zu verschwenderisch und zu wenig bescheiden, zu einfallslos und zu wenig konstruktiv, müssen sie eben wählerischer sein. Wenn sie sich anstatt durch majestätischen Prunk durch mediokren Medienspektakel blenden lassen, wenn sie sich im Glauben wiegen, mit dem richtigen Mann oder der richtigen Frau am richtigen Platz sei ein für allemal die Gewähr für richtige Entscheidungen gegeben, wenn sie sich von den Regierenden nur fragen lassen, wenn diese selbst überfragt sind, und nicht auch Antworten dort verlangen, wo man sie ihnen schon die längste Zeit schuldig bleibt, können Republikaner keine höhere Instanz anrufen als sich selbst.

Die Republik ist keine Staatsform, in der es sich die Bürger bequem machen können. Deshalb ist die Versuchung ja so groß, sich auch nach Abschaffung der Monarchie – wenn auch nur in einer milden Form – weiter beherrschen zu lassen. Dieser Versuchung muß immer wieder neu widerstanden werden: nicht durch revolutionäre Abschaffung der bestehenden Staatsform, sondern durch den nicht weniger revolutionären Gedanken, daß die Bürger ihren Staat mitzuformen haben. Die demokratische Republik Österreich bietet dazu viel mehr Möglichkeiten, als die Österreicher wahrhaben wollen. Der Spielraum der Bürger erschöpft sich nicht in der Stärkung oder Schwächung etablierter und in der Wahl neuer Parteien. In der Zeit der Monarchie sind die Bürger für eine Verfassung und für ein allgemeines Wahlrecht auf die Barrikaden gestiegen. Heute entlockt ihnen die Idee einer Verfassungsänderung oder einer Wahlrechtsreform oft nur ein Achselzucken. Monarchen nur zur Abdankung zu zwingen oder ins Exil zu verbannen, war ein Zeichen human verlaufender Revolutionen. Die Empörung über Politiker, die in der Republik ihr Amt mißbrauchen, hält sich in viel engeren Grenzen, obwohl diese Staatsform nicht zuletzt deshalb erfunden wurde, damit die Regierten von den Regierenden Rechenschaft verlangen können. In der Zeit der Monarchie hat man den Untertanen Ruhe als die erste Bürgerpflicht verordnet. Jetzt aber beschränkt sich die Unruhe, die das Uhrwerk der Republik in Gang halten soll, oft nur auf die jeweils aktuellen Themen ihrer Ereignisdemokratie. Die Unruhe eines stetigen wachen Interesses an der prinzipiellen Regelung der öffentlichen Angelegenheiten aber fehlt. Der Einwand, es gebe doch genug Parteienstreit und auch genügend neue Unruhestifter, darf nicht darüber hinwegtäuschen. Das Ritual vorgespielter Auseinandersetzungen ist noch kein Ersatz für Bürger, die ihr politisches Schicksal selbst in die Hand nehmen – und das nicht nur bei den alle paar Jahre fälligen Wahlen.

Das Verhältnis der Österreicher zu ihrer Vergangenheit ist zweifellos ein schwierigeres als bei den Bürgern vieler anderer Staaten. Das liegt an der Vielzahl der Zäsuren, die sie im 20. Jahrhundert erlebten. Wenn dabei das Jahr 1918 den tiefsten Einschnitt bildete, so nicht nur wegen des Wechsels der Staatsform, sondern mehr noch wegen des Wechsels der Staatsgröße, der anfänglich mit dem Ende der Lebensfähigkeit des Staates verwechselt wurde. Die größte Schwierigkeit bei der Vergangenheitsbewältigung aber stellt heute eher die Zeit des Nationalsozialismus und die Zeit der Ersten Republik dar. Auf die Frage, in welcher Epoche sie gerne gelebt hätten, antworteten 1980 nur jeweils ein Prozent der repräsentativ befragten Österreicher mit den Jahren 1938 bis 1945 und mit den Jahren 1918 bis 1938. 64 Prozent bevorzugten die Epoche der Republik seit Unterzeichnung des Staatsvertrages. Aber immerhin noch 25 Prozent hätten gerne in den Jahren zwischen 1650 und 1914, also in der Zeit der Monarchie, gelebt. Dabei entfielen 11 Prozent auf die Regierungszeit Kaiser Franz Josephs und 9 Prozent auf die Zeit des Biedermeier.

Das Erbe der Monarchie braucht für die Republik Österreich keine Belastung zu sein, wenn es von dem, was von der Geschichte gewogen und für zu leicht befunden wurde, befreit wird. 1984 war es naheliegend, Rückblick auf Unglücksjahre zu halten, wobei die Erste Republik mit dem Bürgerkriegsjahr 1934 ebenso schlecht abschnitt wie die Monarchie mit dem Jahr 1914, in dem der Beginn des Ersten Weltkrieges ihr Ende heraufbeschwor. Aus der Perspektive früherer Jahrhunderte aber lassen sich nicht nur Beispiele des Scheiterns, sondern auch Vorbilder gewinnen. Das geschichtlich gewordene Wesen Österreichs kennt auch vorbildliche Herrscher, vorbildliche Reformen und vorbildliche Formen des Zusammenlebens. »Vorbildlich zu leben und vorbildlich zu wirken ... aber Vorbild auf eine so unaufdringliche leise Art« zu sein, »daß es niemand merkt«, diese Prinz Eugen in den Mund gelegten Worte besitzen auch für die Republik Aufforderungscharakter.

Wenn sich die Republik von heute mit der Monarchie von gestern auf fruchtbare Weise auseinandersetzen will, sollte sie dies nicht als Staatsformdiskussion mißverstehen, bei der sie ihre Stärken nur durch eine Analyse der Schwachstellen einer vergangenen Staatsform zu demonstrieren braucht. Vielmehr sollte sie sich selbstkritisch fragen, wo Stärken, die Österreich schon einmal besessen hat, verkümmert sind und wo dies nicht allein mit der Kleinheit des Landes entschuldigt werden kann. Das Ethos eines »höchsten Beamten«, das österreichische Herrscher vorgelebt haben, bleibt auch für gewählte Politiker der Republik beispielhaft, wenn es mit Bescheidenheit, Gesetzestreue und Identifikation mit dem Staatsganzen übersetzt wird. Die einst für ganz Europa beispielhafte Schulbildung der Monarchie bleibt auch eine Herausforderung für eine Republik, wenn sie sich in der Zeit der Wissensexplosion die Frage stellt, wie sie Bildung zum Allgemeingut machen und gleichzeitig für die Entfaltung aller in ihrer Bevölkerung schlummernden Talente sorgen kann. Was Antoine de Saint-Exupéry als Erbgut der Österreicher ansah, nämlich »ein läuternder Filter der Anschauungen, der Tradition, der Träume, des Wissens so vieler Völkerschaften« zu sein, muß auch in Zukunft ein Ansporn für die Zweite Republik bleiben, dies in der Behandlung ihrer Minderheiten und Gastarbeiter, in Kontakt mit ihren Nachbarvölkern und als Ort der Begegnung immer wieder unter Beweis zu stellen.

Nicht die Tradition der Äußerlichkeiten einer Staatsform gilt es zu pflegen, die zur »Asche« geworden ist, aber etwas von der »Glut« gilt es zu entfachen, die uns so viele hervorragende Österreicher, die in der Zeit der Monarchie als Denker, Forscher und Künstler lebten, als ihr Erbe hinterlassen haben. Zukunft braucht Herkunft –, nicht um sich nostalgisch zu kostümieren, sondern um sich dessen, was wesentlich war und geblieben ist, zu vergewissern. Österreich hat mit der Staatsform der Monarchie auch manchen Ballast und nicht zuletzt die Bürde einer Großmacht abgeworfen. Österreich hat mit der Staatsform der Republik aber auch zusätzliche Verantwortung auf seine Schultern geladen: seine zukünftige Geschichte wird von seinen Bürgern und den von ihnen gewählten Repräsentanten geschrieben. Was aus ihr später einmal herauszulesen sein wird, sollten keine Bodengewinne sein, aber was auf dem fruchtbaren Boden dieser kleinen Republik zu ernten ist, sollte auch über ihre Grenzen hinaus Wert besitzen.

5. KAPITEL

Ein Parteienstaat, in dem die Großparteien sich das Volk zu teilen versuchten

Der in das politische System Österreichs nicht eingeweihte ausländische Tourist, der die rot-weiß-rote Grenze mit dem Auto überquert, denkt an sein Urlaubsziel und nicht gleich an Pannen. Daß die Pannenhilfe auf den Straßen dieses Landes doppelt organisiert ist, wird ihn deshalb noch nicht besonders nachdenklich stimmen. Außerdem lösen Bezeichnungen wie ÖAMTC und ARBÖ, auch wenn man sie als »Österreichischer Automobil-, Motorrad- und Touring Club« und als »Auto-, Motorrad- und Radfahrerbund Österreichs« entziffert, noch nicht unbedingt politische Assoziationen aus. Dennoch wird der gelernte Österreicher solche und andere Organisationen auch in das politische Spektrum seines Landes einordnen. Er wird in dem erwähnten Fall einmal undeutlich etwas von »bürgerlich« murmeln oder schon präziser von »sozialistisch« sprechen, wird in anderen Fällen Ausdrücke wie »schwarz« und »rot« gebrauchen und politische Farblosigkeit mit »Blutgruppe Null« übersetzen. Die politische Landschaft Österreichs ist alles andere als naturbelassen. Während vom österreichischen Staatsgebiet nur 42 Prozent dauernd besiedelt sind, haben sich in diesem Staat die um ihren politischen Einfluß besorgten großen Parteien fast überall niedergelassen. Das für sie typische Herrschaftssystem der großen Koalition hatte 1966 bereits eine einundzwanzigjährige Tradition, während die in diesem Jahr in der Bundesrepublik geborene große Koalition nicht einmal das Alter von drei Jahren erreichte. Das Wappen der österreichischen Republik ist zwar nicht mehr das uralte Symbol des Doppeladlers, aber wenn auch heute noch so wie in der Zeit der österreichisch-ungarischen Monarchie von »Reichshälften« gesprochen wird, dann denkt der Österreicher an die Einflußsphären der beiden großen Parteien.

Man braucht keine politikwissenschaftliche Untersuchung zu lesen, es genügt im Amtlichen Telefonbuch Wiens unter den Bezeichnungen der Österreichischen Volkspartei und der Sozialistischen Partei Österreichs nachzuschlagen, um zu entdecken, was unter »Organisationsdichte« zu verstehen ist. Die beiden großen Parteien haben die Österreicher nicht nur nach den Kriterien der Jugend und des Alters, des Geschlechts und des Berufes organisiert. Wer sich durch das fallweise Fehlen der Parteibezeichnungen nicht entmutigen läßt, der wird auch dort, wo er auf den ersten Blick keinen politischen Einfluß vermutet, noch fündig werden. So hat der Österreicher fast überall die freilich oft nur aus zwei Möglichkeiten bestehende Wahl: als Mieter zwischen »Mieterbund« und »Mietervereinigung«, als Akademiker zwischen »Akademikerbund« und »BSA«, dem »Bund Sozialistischer Akademiker, Intellektueller und Künstler«, und als Sportler zwischen »Turn- und Sportunion« und dem »ASKÖ«, dem »Arbeiter Sport-Klub Österreichs«. Der gelernte Österreicher weiß natürlich, daß sich hinter scheinbar ähnlich klingenden Bezeichnungen jeweils eine der beiden großen Parteien verbirgt. Aus dem »Bauernbund« der ÖVP wird durch die Verlängerung »Arbeitsbauernbund« eine, allerdings ungleich weniger einflußreiche, Organisation der SPÖ. Der Pensionär findet sich im einsilbigen »Bund« mit der ÖVP, im zweisilbigen »Verband« hingegen mit der SPÖ im Bunde. Das Vorwort »Arbeiter« signalisiert nicht nur in der abgekürzten Form »AZ« die »Arbeiter-Zeitung«, das sozialistische Zentralorgan, sondern auch bei Abstinenzlern, Briefmarkensammlern, Fischern, Samaritern und Sängern Organisationsformen der SPÖ. Die Frage, welche der beiden großen Parteien es in der Organisation ihrer Anhänger zu größerer Perfektion gebracht hat, ist nicht ohne weiteres zu entscheiden. Bei der ÖVP ist die berufsständische Organisation ausgeprägter, denn allein ihr Österreichischer Arbeiter- und Angestelltenbund, ihr Österreichischer Bauernbund und ihr Österreichischer Wirtschaftsbund bringen es auf über 800 000 Mitglieder. Bei der SPÖ wieder beginnt die Betreuung schon bei den Kinderhorten und -gärten der »Kinderfreunde« und hört auch in der Natur nicht auf, wie die Organisation der »Naturfreunde« beweist. Die Zahl der SPÖ-Mitglieder liegt bei 700 000, während es die ÖVP einschließlich Jugend, Frauen und Senioren durch Doppelmitgliedschaften auf dem Papier zu 1,2 Millionen Mitgliedern bringt. Die beiden Großparteien Österreichs haben mindestens jeden vierten, wenn nicht jeden dritten ihrer Wähler organisatorisch an sich zu binden versucht. Obwohl die Zahl der wahlberechtigten Österreicher nur etwas mehr als ein Achtel der Wahlberechtigten in der Bundesrepublik Deutschland ausmacht, können sich ÖVP und SPÖ hinsichtlich ihrer Mitgliederzahlen durchaus mit ihren Schwesterparteien CDU und SPD messen.

Natürlich berechtigt diese Mitgliedschaft noch zu keinen Schlüssen auf das Wahlverhalten, denn die Wahlen sind in Österreich frei und geheim. Spezifische Wahlgänge wie im öffentlichen Dienst erlauben dennoch mit neunzigprozentiger Sicherheit die Behauptung, daß Bundesbahner und Bedienstete der Gemeinde Wien zur »roten« und niederösterreichische Landesbedienstete zur »schwarzen« Reichshälfte gehören. Das Korsett der »Parteibuchwirtschaft«, in das die Österreicher gezwängt wurden, ist nicht überall gleich eng, es ist in der Privatwirtschaft lockerer als im Staatsdienst und im Westen des Landes lockerer als im Osten.

Die Frage, warum es in Österreich zwei große Parteien gibt, nicht mehr und nicht weniger, und warum es sie nach vierzig Jahren noch immer gibt, ist nur durch einen Rückblick zu beantworten. Das 19. Jahrhundert vererbte dem 20. Jahrhundert in Österreich *drei* große politische Lager: das christlichsoziale, das sozialdemokratische und das deutschnationale. Das dritte dieser Lager war durch die Verwirklichung seiner Anschlußidee unter dem Vorzeichen des Nationalsozialismus 1945 gleichsam moralisch mattgesetzt, obwohl in der Ersten Republik das Anschlußdenken weiter verbreitet war und die Demokratie durch Parteien, die aufs Ganze gingen, von mehr als einer Seite gefährdet war. Wer sich 1945 weder zur Vergangenheit des Nationalsozialismus noch zu einer kommunistischen Zukunft bekennen wollte, der hatte vorerst nur die Wahl zwischen zwei Parteien: der Österreichischen Volkspartei und der Sozialistischen Partei Österreichs. Die 536 000 ehemaligen Nationalsozialisten, die 1946 registriert wurden, waren bei der ersten Wahl nicht wahlberechtigt und stellten auch kein geschlossenes politisches Potential mehr dar. Zwei Drittel von ihnen waren nur Mitläufer gewesen, und bis zur nächsten Wahl im Jahre 1949 wurde etwa die Hälfte dieses »Protestpotentials« von den beiden großen Parteien aufgesogen.

Zur Bildung eines dritten annähernd großen politischen Lagers kam es in der Zweiten Republik nur vorübergehend: 1949 konnte der als vierte Partei kandidierende Verband der Unabhängigen 489 273 Stimmen auf sich vereinigen, und im ersten Wahlgang der Bundespräsidentenwahl 1951 erzielte der keiner der beiden großen Parteien zuzurechnende Kandidat Burghard Breitner sogar 662 501 Stimmen. Davon abgesehen hat sich jedoch an der Vorrangstellung der beiden großen Parteien in den vier Jahrzehnten der Zweiten Republik nichts geändert. Selbst bei den Nationalratswahlen des Jahres 1949 erhielten ÖVP und SPÖ zusammen mit 82,7 Prozent aller Stimmen immer noch mehr als Sozialdemokraten und Christlichsoziale mit zusammen 76,8 Prozent aller Stimmen bei der letzten Nationalratswahl der Ersten Republik im Jahre 1930. Seither aber erreichten die beiden großen Parteien stets mehr als 90 Prozent der Stimmen; 1975, zur Zeit der Alleinregierung der SPÖ, sogar 93,4 Prozent und 1983, unmittelbar vor Bildung einer SPÖ-FPÖ-Regierung immer noch 90,9 Prozent. Weder das Auftreten neuer Parteien noch der Wechsel der Regierungen konnten an diesem Bild bis 1983 etwas ändern. Der Sozialistische Gewerkschaftsbundpräsident und Innenminister Olah, der 1966 mit einer eigenen Partei kandidierte, schwächte zwar die SPÖ, konnte aber nur 148 528 Stimmen und kein Mandat erringen. Die 1983 getrennt kandidierenden Vereinten Grünen Österreichs und die Alternative Liste Österreichs brachten es zusammen auf 159 614 Stimmen, konnten aber gleichfalls kein Mandat erlangen. Der größte Abstand zwischen den Stimmenzahlen der SPÖ und der ÖVP wurde jedenfalls ohne Zutun einer neuen Partei 1979 mit 431 492 Stimmen unter dem damaligen Bundeskanzler Kreisky erreicht. Bei allen zwölf Nationalratswahlen zwischen 1945 und 1983 konnten die SPÖ und die ÖVP mit zusammen 24,1 und 23,5 Millionen Stimmen im Durchschnitt jeweils annähernd zwei Millionen Stimmen auf sich vereinigen. Die Vorherrschaft der beiden großen Parteien ist allein mit dem einundzwanzigjährigen Bestand der großen Koalition nicht zu erklären. Ist also die hohe Organisationsdichte, die einen so hohen Prozentsatz der Wähler als Mitglieder an die Partei zu binden versucht, das Geheimnis ihres andauernden Erfolges, sofern man nicht die Regierungsbeteiligung, sondern die »Konservierung« eines großen Wählerstocks zum Gradmesser dieses Erfolges macht?

Wähler-»Fang« wird in allen Demokratien von allen Parteien betrieben, bringt aber immer nur vorübergehenden Erfolg. Inwieweit gibt die Eigenart des österreichischen Parteiensystems, das möglichst viele Wähler in einem besonders dichten »Netz« von Mitgliedschaften und anderen Abhängigkeiten festzuhalten versucht, eine Erklärung für die große Kontinuität dieses Parteiensystems ab? Nun, dieses »Netz« weist von vornherein eine große Lücke auf, weil bei vollem Auslaufen der vierjährigen Wahlperiode und je nach Stärke der Geburtsjahrgänge mehr als eine halbe Million neue Wähler an die Stelle verstorbener Wähler treten. Und selbstverständlich steht es jedem einzelnen, anonym bleibenden Wähler frei, sich bei der nächsten Wahl für eine andere Partei zu entscheiden. Auf der anderen Seite wird ein Wähler, der sich als Mitglied öffentlich zu einer Partei bekennt, doch gewisse Hemmungen überwinden müssen, wenn er in der Wahlzelle diesem Bekenntnis zuwiderhandelt. Noch größer wird diese Hemmung sein, wenn er durch sein Wahlverhalten die Partei, der er ganz bestimmte Vorteile zu verdanken hat, zu schwächen im Begriffe ist; Untersuchungen am Beginn der achtziger Jahre über die Motive des Parteibeitritts lassen diesen Verdacht als nicht ganz unbegründet erscheinen. So erschien ein Parteibeitritt, um zu einer Wohnung oder zu einem Posten zu gelangen, 28 Prozent der Wahlberechtigten und 31 Prozent der Parteimitglieder als übliche Handlungsweise. Nach einer anderen Untersuchung behaupten zwar Parteimitglieder von sich selbst, zu 64 Prozent sei die Verbundenheit mit einer weltanschaulichen Position, zu 53 Prozent die Familientradition und zu 41 Prozent die Verwirklichung eigener politischer Ideen für sie das ausschlaggebende Motiv. Nach Meinung der Bevölkerung über die Parteimitglieder rangieren jedoch die beruflichen Vorteile mit 79 Prozent und die Wohnungsbeschaffung mit 72 Prozent vor der Familientradition mit 50 Prozent. Auch für die Mitarbeit in politischen Parteien gelten nach dem politischen Interesse an aktuellen Problemen mit 48 Prozent bereits das persönliche Karrierestreben mit 44 Prozent und die Wohnungsbeschaffung mit 32 Prozent als die Hauptmotive. Eine Meinung, die sicher nicht aus der Luft gegriffen ist, wie das Beispiel der Wiener Kommunalpolitiker zeigt. Von 184 wohnten im Jahre 1983 nach einer Untersuchung der Wochenzeitung »Die Furche« immerhin 60 in Wohnhausanlagen der Stadt Wien, wovon allein 56 auf die SPÖ entfielen.

Ein »Lehrpfad«, der den Grad der Verpolitisierung Österreichs veranschaulicht, müßte an unzähligen Türen vorbeiführen, die Nichtmitgliedern einer Partei verschlossen bleiben, sich aber mit dem »Schlüssel« des jeweils richtigen Parteibuches oder auch mit dem »Nachschlüssel« einer Parteispende öffnen lassen. Das sind vor allem die Türen der Postenvergabe im Öffentlichen Dienst und im wirtschaftlichen Einflußbereich der öffentlichen Hand sowie die Türen der Wohnungsvergabe im öffentlich geförderten Wohnbau. Dazu kommen die Türen, durch die man zu öffentlichen Aufträgen, öffentlich geförderten Krediten und Subventionen kommt. Die »Parteibuchwirtschaft« wird zwar auch von prominenten Vertretern der großen Parteien beklagt, und in Einzelfällen wird versucht, das Ausleseverfahren zu objektivieren. Aber in einem kleinen Land, in dem jeder achte Beschäftigte ein pragmatisierter Beamter ist und mehr als ein Fünftel aller Beschäftigten auf Betriebe im Staatseigentum entfällt, während sich rund 100 000 kleine Parteifunktionäre um die ihnen nahestehenden »Schützlinge« kümmern, nimmt das Problem der Entpolitisierung bereits den Charakter internationaler Abrüstungsverhandlungen an. Wer hier mit gutem Beispiel vorangeht, nimmt das Risiko einer »einseitigen Abrüstung« auf sich. So bleibt es ein offenes Geheimnis, daß erst der »Sankt Proportius« seinen Segen geben muß, damit bestimmte Posten besetzt werden können. Das gilt für Schulen und Behörden, Spitäler und Sozialversicherungsanstalten, Wohnbaugenossenschaften und verstaatlichte Betriebe und auch für die obersten Gerichtshöfe. Die Verschärfung von Unvereinbarkeitsbestimmungen und der unter dem Eindruck von Skandalen erfolgte teilweise Rückzug von Politikern aus Wohnbaugenossenschaften haben den Grad der Verpolitisierung bisher nur unwesentlich mildern können.

Als Erklärung für die relative Stabilität der beiden großen politischen Lager reicht freilich dieses System der »Patronage« noch nicht aus. Durch die Parzellierung ihrer Einflußgebiete wurden die beiden großen Parteien nur zu einbahnigen »Schleusenwärtern«: Sie konnten zwar erreichen, daß Bürger, die Posten, Wohnungen und andere Vorteile suchen, sich das richtige Parteibuch beschaffen mußten, doch die Mobilität der Wähler konnten sie damit nicht unterbinden. Das beweist der zwischen 1954 und 1984 stark abfallende Prozentsatz der Stammwähler, der bei der ÖVP von 82 auf 53 und bei der SPÖ von 81 auf 58 Prozent zurückging. Daß die großen Parteien nicht allen ihren Mitgliedern, geschweige denn allen ihren Wählern zu lebenslänglichem Dank verpflichtende Vorteile bieten konnten, hieße die Ursachen dieser Mobilität auf reinen Opportunismus zu reduzieren. Dagegen spricht jedoch, daß es spätestens nach der dreizehnjährigen Alleinregierung der SPÖ im Öffentlichen Dienst zu keiner stärkeren Gewichtsverlagerung gekommen ist. Viele einfache Mitglieder hielten ihrer Partei auch dann die Treue, wenn wechselnde Mehrheitsverhältnisse dies nicht mehr als vorteilhaft erscheinen ließen. Nur ehrenhalber tätige kleine Funktionäre nahmen sogar persönliche Nachteile in Kauf, wenn sie in vom politischen Gegner beherrschten Institutionen und Betrieben die Interessen der Minderheit vertraten.

Eine mindestens ebenso wichtige Erklärung für die relative Stabilität der beiden großen politischen Lager wie die Abgrenzung ihrer Einflußsphären bildet auch ihre Öffnung gegenüber neuen Wählerschichten. In der Ersten Republik noch stark ausgeprägte Gegensätze wie zwischen Arbeit und Kapital oder zwischen Christentum und Marxismus wurden in der Zweiten Republik von beiden großen Parteien abgebaut. Die Österreichische Volkspartei trat schon bei ihrer Gründung im Jahre 1945 nicht als konfessionelle oder Klassenpartei auf. Die Sozialistische Partei folgte 1958 mit ihrem neuen Programm, wenn auch zögernd, dem Beispiel einer »Volkspartei«. Der historische Kompromiß der großen Koalition, die Sozialpartnerschaft und der Rückzug der katholischen Kirche aus der Tagespolitik erleichterten die Überwindung der Kultur- und Klassenkampfatmosphäre der Ersten Republik. Als Ergebnis zwei Jahrzehnte lang erzielter Kompromisse in der Wirtschafts- und Sozialpolitik nahm die Polarisierung der Gesellschaft durch wachsenden Wohlstand und erhöhte soziale Sicherheit breiter Bevölkerungsschichten ab. Zählten 1934 noch 80 Prozent der österreichischen Bevölkerung zur Unterschicht, so waren es 1951 nur mehr 60 und 1970 nur noch 25 Prozent.

Die inzwischen auf zwei Drittel der Bevölkerung angewachsene Mittelschicht wurde zur Zielgruppe beider großer Parteien, ohne die keine Mehrheiten zu erzielen waren. Zu Beginn der achziger Jahre waren nur noch traditionelle Wählerschichten wie die Landwirte der ÖVP sechsmal stärker zuzuordnen als der SPÖ und auf der anderen Seite die ungelernten Arbeiter der SPÖ knapp dreimal stärker zuzuordnen als der ÖVP, während etwa bei leitenden Angestellten sich beide große Parteien nahezu die Waage hielten. Gegenüber der nun dominierenden Mittelschicht und der ständig wachsenden Zahl wechselbereiter Wähler versuchten die beiden großen Parteien ihre Attraktivität stärker durch Politikerpersönlichkeiten und Dienstleistungsangebote und weniger durch ideologisch profilierte Programme zu erhöhen. Die ÖVP beschritt diesen Weg bereits 1953 mit dem »Raab-

Kamitz-Kurs«. 1966 versuchte sie ihrer durch Bundeskanzler Klaus personifizierten Politik durch die Zusammenarbeit mit Wissenschaftlern in der »Aktion 20« eine zusätzliche Legitimation zu verleihen. Auch Kreisky versuchte dies vorübergehend durch die Ausarbeitung neuer SPÖ-Programme mit Hilfe von 1400 Experten, hatte jedoch 1970 vor allem durch die von ihm personifizierte »sozialliberale Wählerkoalition« länger dauernden Erfolg. Schon Raab hatte mit Unterrichtsminister Drimmel und Finanzminister Kamitz Persönlichkeiten in sein Kabinett berufen, die nicht über die »Ochsentour« in der Partei Karriere gemacht hatten. Das gleiche galt für Außenminister Waldheim und Finanzminister Koren, die Klaus 1968 in sein Kabinett berief. Noch stärker sprang Kreisky über den Schatten seiner Partei, als er 1970 den parteilosen Katholiken Kirchschläger zum Außenminister und 1971 den parteilosen Adeligen Lütgendorf zum Verteidigungsminister machte.

Die zwei großen Parteien als Rivalen im Kampf um die gesellschaftliche Mitte als Volksparteien oder gar als Allerweltsparteien in einen Topf zu werfen, hieße jedoch die immer noch bestehenden Auffassungsunterschiede bagatellisieren. Mögen auch letzte Begründungen der jeweiligen Politik in den Hintergrund getreten sein, im unterschiedlichen Stellenwert von Freiheit und Gleichheit oder Privatinitiative und staatlichem Dirigismus kommen ihre traditionellen Positionen immer noch zum Ausdruck. Zugenommen haben jedoch Überlappungseffekte auch in der Konfrontationsphase zwischen der seit 1970 regierenden SPÖ und der seither opponierenden ÖVP. So erlitt Kreisky 1978 ungeachtet der absoluten Mehrheit der SPÖ bei der Volksabstimmung über das Kernkraftwerk Zwentendorf eine persönliche Niederlage. 1980 unterstützte die ÖVP unter Verzicht auf einen eigenen Kandidaten die Wiederwahl des von der SPÖ kandidierten Bundespräsidenten Kirchschläger. 1984 erhielt die

ÖVP bei den Arbeiterkammerwahlen zum ersten Mal mehr Angestelltenstimmen als die SPÖ.

Was die Großparteien oft als austauschbar erscheinen läßt, ist vor allem das »Ritual« der Ereignisdemokratie, die mitunter kaum unterscheidbare Art, in der sie ihre Politik als stark simplifiziertes und personalisiertes Problemlösungsangebot zu »vermarkten« versuchen. In der durch das Fernsehen möglich gewordenen täglichen Wahlversammlung der Nation geraten sie in den Sog der gleichen Aktualität, aus dem sie sich mit personell und verbal unterschiedlichen »Sprechblasen« von gleicher Optik nur schwer befreien können. Eine eigenständige und sachbezogene Thematisierung der Politik gelingt immer seltener. Die von den Medien mit der größten Reichweite zur Verfügung gestellte »Themenbühne« bietet nur für wenige »Themenauftritte« gleichzeitig Platz, so daß es zur raschen Folge sich seuchenartig verbreitender und wieder abklingender Themen kommt. Politik wird zur Kunst, ein ihre »Bühne« beherrschendes Thema zu erfinden oder zu nützen, um sich in Szene setzen zu können. In diesem Ringen um öffentliche Aufmerksamkeit kann Größe nicht Beweglichkeit ersetzen. Themen, die bereits eine internationale Karriere gemacht haben und nicht in das Konfrontationsschema der Großparteien einzuordnen sind – wie zum Beispiel Fragen des Umweltschutzes und der Energiepolitik –, können außerdem zu neuen Lagerbildungen auch innerhalb der Parteien führen.

Großparteien sind mit »Riesentankern« oder »Sauriern« verglichen worden, die sich durch Schwerfälligkeit auszeichnen und der zunehmenden Parteiverdrossenheit eine entsprechend große Angriffsfläche bieten. Der von vier Fünfteln der Österreicher bejahte Vorwurf, die Politiker kümmerten sich zu viel darum, ihre Macht zu erhalten, anstatt sich über die wirklichen Bedürfnisse der Bevölkerung Gedanken zu machen, richtet sich naturgemäß in erster Linie gegen die beiden großen Parteien, die in der Bundesregierung und in den Landesregierungen die Hauptverantwortung tragen und im Verbändewesen, in der verstaatlichten Industrie oder in der Sozialversicherung über ihre »Reichshälften« verfügen. Zur Überproportionalität ihrer Angriffsfläche haben die großen Parteien selbst beigetragen, indem sie allzuviele Probleme als politisch lösbar dargestellt haben oder allein durch neue Gesetze und Verordnungen, Ministerien und Ämter, Fonds und Kommissionen zu lösen versuchten. Nicht nur die Einlösung der Versprechungen, Arbeitsplätze zu sichern oder zu schaffen und mehr neue und zugleich erschwingliche Wohnungen zu bauen, wird seither von ihnen verlangt. Eine Politik der Allzuständigkeit und die Betonung des Servicecharakters der Parteien haben auch den Bogen der an sie gestellten Ansprüche überspannt. Das Interventionswesen wurde so oft zum Ausdruck der Erwartung, es sich in nahezu jeder Beziehung mit Hilfe einer Partei »richten zu können«.

Dazu kam, daß sich die großen Parteien auch in staatsfreien Bereichen wie etwa der Kultur oder des Sports zusätzliche Aufgaben aufgehalst haben. Der Übergang von den Vorfeldorganisationen der Parteien zum allgemeinen Vereinsleben ist fließend geworden. Spitzenpolitiker wenden oft mehr Zeit für Repräsentationsverpflichtungen als für die Entscheidungsfindung auf, und manche Parteifunktionäre betätigen sich bereits als »Freizeitanimateure«. So wird in den großen Parteien, in denen ohnehin der Typus des Berufspolitikers dominiert, der Ruf nach einer »Politisierung der Politik« laut. Gleichzeitig aber findet der Vorwurf, Politik werde mit Geschäft verquickt, neue Nahrung, wenn Parteitagsbeschlüsse gegen Ämterkumulierung nur lax gehandhabt werden oder wenn einzelne Skandale den Mißbrauch politischer Ämter für persönliche Vorteile enthüllen.

Die für die österreichischen Großparteien charakteristische Organisationsdichte hat neben ihren Licht- auch ihre

Schattenseiten. Bei Wahlen ist diese Organisationsdichte immer noch von Vorteil. Nur der Kandidat einer Großpartei hat die Chance, Bundespräsident, Bundeskanzler oder Landeshauptmann zu werden. Die gesamte Themenpalette der Politik kann auch zwischen den Wahlen nur die Großparteien mit einer kompletten Regierungsmannschaft oder einem kompletten »Schattenkabinett« und mit Hilfe ihrer Beraterstäbe abdecken. Dank ihrer Organisationsdichte und ihrer finanziellen Stärke können sie dauernd und flächendeckend präsent sein. Dennoch trifft auch das Bild vom »Riesentanker« oder »Flottenverband« zu, weil die Größe der Parteien sie zu schwieriger zu steuernden und in ihren Bewegungen zu koordinierenden Apparaten macht. Großparteien sind ja nicht nur Gesinnungsgemeinschaften, sondern gerade in Österreich durch die Politisierung weiter Lebensbereiche auch Interessentengenossenschaften. Ihre politische Führung muß auf die unterschiedlichen Interessen eigener Teilorganisationen ebenso Rücksicht nehmen wie auf die Betroffenheit von Wechselwählern. Vor allem bei einer föderalistisch und berufsständisch organisierten Großpartei können sich daraus innere Reibungsverluste ergeben. Die Größe eines Parteiapparates muß der Zirkulation von Meinungen nach oben und von Zielvorgaben nach unten keineswegs förderlich sein. Die Spitzenpolitiker können sich über die Medien den Wählern viel rascher verständlich machen als über die innerparteiliche Information ihren Funktionären und Mitgliedern. Der Versuch der politischen Führung, sich mit der rasch wechselnden öffentlichen Meinung durch repräsentative Befragungen kurzzuschließen, eilt der innerparteilichen Meinungsbildung voraus, ohne sie ersetzen zu können. So kann die große Zahl der an der Willensbildung unbeteiligten kleinen Funktionäre und Mitglieder auch zum »Troß« werden, der beim Betreten thematisch noch unvertrauten »Geländes« der selbst noch tastenden Führung nur mühsam zu folgen vermag.

Betrachtet man die Politik als einen »Markt«, auf dem Problemlösungen »nachgefragt« und »angeboten« werden, so ist nicht zu übersehen, daß in Österreich die Großparteien ungeachtet ihrer »marktbeherrschenden Position«, ihrer Organisationsdichte und alle Lebensbereiche durchdringenden Betriebsamkeit den Politikbedarf nicht decken konnten. Ein erstes Indiz dafür waren die Bürgerinitiativen, von denen sich in Österreich bis zu zweitausend pro Jahr bildeten und an denen sich 1984 schätzungsweise acht Prozent der erwachsenen Bevölkerung in irgendeiner Form beteiligten. Sie signalisierten das Vorhandensein einer »Marktlücke« für bürgernahe politische Problemlösungen auf lokaler Ebene, bildeten aber auch den Nährboden für landesweite Protestbewegungen. Gerade weil »grüne« und »alternative« Bewegungen noch über keine festgefügte Organisation verfügten, konnten sie sich rascher und konsequenter auf die neue ökologische Problematik einstellen. Sie leiteten den Protest gegen konkrete Zustände und Projekte über ihre Mühlen, ohne eine breite Palette politischer Problemlösungen anbieten zu müssen. Sie demonstrierten den großen Parteien, wie man durch unkonventionelles Auftreten Aufsehen erregen kann, aber auch, wie man dem unbeschäftigten Idealismus der Jugend ein neues Betätigungsfeld bieten kann, und zogen damit auch einzelne Repräsentanten der großen Parteien in ihren Bann.

Die Frage, ob dadurch die Vormachtstellung der beiden großen Parteien auf Dauer erschüttert werden konnte, ist jedoch allein damit nicht zu beantworten. Mag auch die Fähigkeit kleiner Bewegungen, ein neues politisches Bewußtsein zu bilden und stärkere Parteien in Zugzwang zu setzen, sehr hoch einzuschätzen sein, so ändert sie doch nichts am faktischen Problemlösungsmonopol der in Bund, Bundesländern und Verbänden an den Schalthebeln sitzenden Großparteien. Je alarmierender das Auftreten neuer Konkurrenzparteien wirkt, um so stärker wird auch in den etablierten Parteien versucht werden, ihnen den Wind aus den Segeln zu nehmen. Und je ernster neue Parteien genommen werden, desto geringer wird für sie die »Narrenfreiheit« einer bloßen Spektakelpolitik und um so unverzichtbarer die Notwendigkeit, die Karten ihres Führungspersonals und ihrer Gesamtprogrammatik aufzudecken.

Das Hauptmotiv für die Wahl einer grünen oder alternativen Liste in Österreich, die mit 43 Prozent noch stärker als mit 37 Prozent in der Bundesrepublik Deutschland ausgeprägte Unzufriedenheit mit den traditionellen Parteien kann von diesen immer noch selbst beeinflußt werden. Das gilt auch für das an zweiter Stelle mit 25 Prozent zum Unterschied von 34 Prozent in der Bundesrepublik genannte Motiv des Umweltschutzes. Ob die bei den Nationalratswahlen des Jahres 1983 noch getrennt marschierenden »Grünen« und »Alternativen« bei den nächsten Nationalratswahlen vereint ihren damaligen Stimmenanteil von zusammen 3,3 Prozent verdoppeln werden können, ob sie bis 1987 ihren Höhepunkt erreichen oder schon überschritten haben werden, bleibt eine Spekulation. Ihr Spielraum reicht jedoch vorerst nicht weiter als zu einem stärker »hinkenden Zweiparteiensystem«, wie es die Zweite Republik, wenn auch unter anderen Vorzeichen 1949 schon erlebt hat. Erst über einen längeren Zeitraum könnte sich die bisher von den beiden großen Parteien beherrschte politische Landschaft Österreichs ändern: sei es nun durch Einbeziehung aller großen und mittleren Parteien in die Regierungsverantwortung wie in der Schweiz oder sei es durch endgültige Distanzierung der zweitstärksten durch die stärkste Partei, womit sich Österreich schwedischen Verhältnissen nähern würde.

In der Demokratie sollten alle Parteien »Brücken vom Volk zum Staat« bilden. Noch sind die großen Parteien die tragfähigsten dieser Brücken, doch das darf sie nicht zur Trägheit verleiten. Es gehört zum Wesen der Demokratie, daß auch durch neue Parteien solche »Brücken« geschlagen werden können, wenn sich auf dem Ufer des Volkes eine wachsende Zahl von Bürgern versammelt, die den bisher staatstragenden Parteien nicht mehr die Lösung all ihrer Probleme zutrauen. Es ist nicht Aufgabe der großen Parteien, hastig und unüberlegt ihr Gewicht zu verlagern, wenn sie einen kurzlebigen Hysterieschub verspüren. Aber es bleibt ihre Aufgabe, weitblickend die Probleme der Zukunft zu erkennen, für deren Lösung sie ihr Gewicht in die Waagschale werfen müssen. Wenn heute die großen Parteien oft den Eindruck allzu mächtiger und aufwendiger, undurchschaubar und zum Selbstzweck gewordener Organisationen erwecken, dann sollten sie sich darauf besinnen, mit wieviel Idealismus und ohne den heute üblichen Aufwand ihre Gründer am Beginn der Zweiten Republik den ersten Brückenschlag vom Volk zum Staat ausführten.

6. KAPITEL

Eine Wirtschaft, in der der Staat mehr mitzureden hat, als er sich leisten kann

Auf dem Weg von Washington nach Moskau in Österreich einen Zwischenstopp einzulegen, das wurde anläßlich der Reise des amerikanischen Präsidenten Nixon im Jahre 1972 auch damit begründet, daß auf diese Weise eine »Akklimatisierung« möglich sei. Als Nixon in Salzburg eintraf, mußte er jedoch feststellen, daß das Klima in Österreich sehr schwankend ist: 1956, als er Lager mit ungarischen Flüchtlingen besichtigt hatte, war er noch mit Jubel empfangen worden, nun aber protestierten Demonstranten gegen seine Vietnampolitik. Für jemanden, der eine Studienreise unternimmt, die ihn von der Vormacht des Privatkapitalismus zur Vormacht des Staatskapitalismus führt, ist Österreich immer noch als Zwischenstopp geeignet. Ist doch hier jenes Land zu besichtigen, das den Verstaatlichungsrekord der westlichen Welt hält.

1984 legte der österreichische Rechnungshof einen Bericht vor, der eigentlich den Zweck verfolgte, die Durchschnittseinkommen der Aufsichts- und Leitungsorgane sowie der Mitarbeiter bei Unternehmungen und Einrichtungen im Bundesbereich zu erheben. Nicht erfaßt wurden nur die Bundesforste, die Post und die Bundesbahnen, sonst aber zählte der Bericht ziemlich lückenlos alles auf, was in Österreich durch Organe oder Beteiligungen des Bundes zum

Einflußbereich des Staates gehört: insgesamt 287 Unternehmungen, gemeinnützige Wohnbauträger, Sozialversicherungsträger, Einrichtungen künstlerischer Art und Fonds mit 574 Vorstandsmitgliedern oder Geschäftsführern, 1797 Aufsichtsräten und über 218 000 Beschäftigten. 1984 waren in Staatsbetrieben rund 336 000 Personen beschäftigt, von denen 139 975 auf Bahn, Post, Bundesforste und Bundestheater entfielen, 101 413 auf die verstaatlichten Industriebetriebe, 6944 auf die verstaatlichte Elektrizitätswirtschaft ohne Landesgesellschaften und 67 233 auf die Konzernbetriebe der beiden verstaatlichten Großbanken. Allein dem Bundesministerium für öffentliche Wirtschaft und Verkehr unterstehen fast zehn Prozent aller unselbständig Beschäftigten. Einschließlich der Länder und der Gemeinden erstreckte sich der Einfluß der öffentlichen Hand Ende der siebziger Jahre auf 642 Unternehmungen.

Eine Durchsicht dieser »Musterkollektion« staatlichen Wirtschaftseinflusses in Österreich zeigt, daß sie nicht erst in der Zweiten Republik angelegt wurde. Was heute »Dorotheum Auktions-, Versatz- und Bank GesmbH« heißt, wurde schon 1707 durch ein Patent Kaiser Josefs I. als »Versatz- und Frag-Ambt« errichtet. Den Grundstein zur heutigen »Austria Tabakwerke AG« legte schon 1784 Kaiser Josef II. durch seinen Entschluß, das »bisher verpachtete Tobakgefäll durch eine eigene Direction verwalten zu lassen«. Die »Österreichische Staatsdruckerei« ist bereits 1804 als graphische Anstalt des Staates gegründet worden, und die 1829 gegründete »Erste Donau-Dampfschiffahrtsgesellschaft« war einst das bedeutendste Unternehmen der Österreichisch-Ungarischen Monarchie. Unternehmensbezeichnungen wie »Gemeinschaftskraftwerk Tullnerfeld Gesellschaft mbH« – hinter der sich das fertiggestellte, aber bisher nicht in Betrieb genommene Kernkraftwerk Zwentendorf verbirgt – oder »Österreichische Gesellschaft für Sonnenenergie und Weltraumfragen GesmbH« beweisen jedoch, daß der Gründungseifer des Staates auch in jüngerer Zeit nicht nachgelassen hat.

Am stärksten ins Gewicht fallen jedoch die in den Jahren 1946 und 1947 verstaatlichten Unternehmungen: Spitzenreiter ist hier die »VÖEST-ALPINE AG« mit 38 541 Beschäftigten im Jahre 1983, gefolgt vom größten Konzernbetrieb der verstaatlichten »Creditanstalt-Bankverein«, der »Steyr-Daimler-Puch AG« mit 15 329 Beschäftigten als Beispiel eines nur indirekt und teilweise dem Staat gehörenden Unternehmens. Daß jedoch der Staat über seine verlängerten Arme auch noch bei Verkehrs- und Reisebüros, Hotels, Seilbahnen und Garagen seine Hand im Spiel hat, gehört bereits zu den Kettenreaktionen seiner Beteiligungen.

Einen ersten Anlauf zur Verstaatlichung von Bergbau- und Industrieunternehmen nahm die Erste Republik 1919 mit Gesetzen zur Vorbereitung der Sozialisierung, zur Enteignung von Wirtschaftsbetrieben und über gemeinwirtschaftliche Unternehmungen. Tatsächlich wurden jedoch nur wenige von der Heeresverwaltung übernommene Unternehmen in gemeinwirtschaftliche Anstalten umgewandelt. Das Arsenal mit über 10 000 Beschäftigten blieb das größte dieser Art. Das Ende der großen Koalition im Jahre 1920 zog auch einen Schlußstrich unter die Verstaatlichungsambitionen der Sozialdemokraten, ganz abgesehen von der von Renner formulierten Einsicht, daß sich Verluste nicht sozialisieren lassen.

Bis zum Ende der Ersten Republik lenkte die öffentliche Hand des Bundes, der Länder und der Gemeinden in der Regel nur Verkehrs- und Versorgungsbetriebe. Während des Zweiten Weltkrieges wurden im Westen Österreichs, den man für den »Luftschutzkeller« des »Dritten Reiches« hielt, groß dimensionierte Werke für die Erzeugung von Strom, Eisen, Stickstoff, Aluminium und Zellwolle geplant und errichtet. Nach dem Krieg war ein großer Teil der Betriebe im ganzen Land durch Bomben und Kampfhandlungen zerstört und im Osten durch Demontagen leergefegt oder von Beschlagnahmen bedroht.

Das Stichwort »Verstaatlichung« fiel 1945 bereits in der Provisorischen Regierung Renner. Eine Vorstufe dazu war die Bestellung von öffentlichen Verwaltern durch das Gesetz vom 10. Mai für herrenlose Betriebe. Zu diesem Zeitpunkt gab es an die 6000 Unternehmen, deren Eigentümer oder Leiter wegen ihrer nationalsozialistischen Vergangenheit von den Alliierten aus ihren Positionen entfernt oder vor der Roten Armee geflohen waren. Dann beschloß die provisorische Regierung am 5. September 1945 ein Gesetz über die Verstaatlichung der Energiewirtschaft, des Bergbaus, der Erdölproduktion, der Eisenhüttenindustrie, der Starkstromindustrie, des Lokomotiv- und Waggonbaues. Ein Veto der sowjetischen Militärverwaltung ließ es jedoch nicht in Kraft treten. Das Stichwort »Verstaatlichung« wurde auch von der ersten aus freien Wahlen hervorgegangenen Regierung Figl aufgegriffen: ». . . wir werden auch in einer Reihe von Schlüsselunternehmungen, in Anlehnung an das in der Provisorischen Staatsregierung beschlossene Verstaatlichungsgesetz, deren Vergesellschaftung im Interesse des gesamten Staates gelegen ist, zur Verstaatlichung oder Kommunalisierung schreiten«, hieß es in der von Bundeskanzler Figl am 21. Dezember 1945 abgegebenen Regierungserklärung.

Eingeschränkt wurde diese Ankündigung nur durch die Bemerkung, daß sich die überwiegende Mehrheit der Bevölkerung Österreichs »für die Beibehaltung der Privatinitiative, des Eigentumsbegriffs und des Leistungsprinzips in diesem Staate entschieden« habe. Über den Umfang der Verstaatlichung bestanden jedoch zwischen den beiden großen Regierungsparteien unterschiedliche Auffassungen. Aus ideologischen Gründen sprachen sich die Sozialisten in ihrem mit der ÖVP nicht abgesprochenen Antrag vom 30. Januar 1946 auch noch für die Verstaatlichung der Elektroindustrie, des Fahrzeugbaus, der Zementindustrie, der Zuckerindustrie, der nicht im Besitz von Genossenschaften oder öffentlich-rechtlichen Körperschaften befindlichen Großbetriebe der Lebensmittelindustrie sowie der Banken und Versicherungsgesellschaften aus. Die sozialistischen Verstaatlichungsabsichten erstreckten sich auf insgesamt 125 Betriebe und faßten noch 110 weitere ins Auge, obwohl die Zahl der Großbetriebe mit mehr als 1000 Beschäftigten in Österreich auch drei Jahre später nicht mehr als 45 erreichte. Bei Verwirklichung dieses Verstaatlichungsumfanges hätte sich das österreichische Wirtschaftssystem von liberaler gehandhabten sozialistischen Wirtschaftssystemen wie in Jugoslawien oder Ungarn nur noch in Nuancen unterschieden.

Die ÖVP schränkte in ihrem Antrag vom 5. Mai 1946 den Verstaatlichungsumfang auf den Kohlenbergbau, die Energiewirtschaft und die Erdölproduktion ein und brachte die Ideen von Werksgenossenschaften, einer Art von Selbstverwaltung von Betrieben durch die Arbeiterschaft, ins Spiel. Für sie war die Verstaatlichung nur eine Zweckmäßigkeitsfrage und nicht ein Hebel zur Veränderung des Gesellschaftssystems. Die Zweckmäßigkeit war allerdings angesichts nicht vorhandener Eigentümer, zerstörter und nur mit Hilfe des Staates wieder aufzubauender Betriebe und der Gefahr der Beschlagnahme noch intakter Betriebe durch die sowjetische Besatzungsmacht ein dehnbarer Begriff. Nicht zuletzt aufgrund der sich bald als falsch erweisenden Spekulation, Betriebe durch Verstaatlichung dem sowjetischen Zugriff entziehen zu können, kam es zu einem Kompromiß zwischen den beiden großen Parteien. Durch das am 26. Juli 1946 verabschiedete Verstaatlichungsgesetz wurden statt 125 nur 71 Betriebe verstaatlicht. Die Verwaltung der verstaatlichten Banken und Industriebetriebe wurde getrennt und zwei von der ÖVP geführten Ministerien für Finanzen und für Vermögenssicherung und Wirtschaftsplanung unterstellt. Rechtskräftig wurde dieses Gesetz jedoch nur in den westlichen Besatzungszonen, denn schon am 27. Juli 1946 machte der sowjetische Oberbefehlshaber Generaloberst Kurassow den österreichischen Bundeskanzler darauf aufmerksam, daß die österreichische Regierung und das Parlament nicht berechtigt seien, einseitig ehemalige deutsche Aktiva zu nationalisieren. In seinem Befehl Nr. 17 setzte Kurassow alle österreichischen Behörden und die gesamte Bevölkerung der sowjetischen Besatzungszone davon in Kenntnis, daß »die im östlichen Österreich befindlichen Vermögenswerte, die dem Deutschen Reich, deutschen Firmen, Gesellschaften, Organisationen und überhaupt sämtlichen physischen oder juridischen Personen gehörten, als deutsche Reparationsleistung in das Eigentum der UdSSR übergegangen sind«.

Vergeblich bestritt die österreichische Regierung den »deutschen« Charakter von fast 200 der beschlagnahmten Industrieanlagen, die erst durch die Annexion Österreichs im Jahre 1938, den Erwerb österreichischer Banken und durch »Arisierung« in die Hand deutscher Besitzer gelangt waren. Während die Vormacht des Staatskapitalismus Österreich von 1946 bis 1955 die Verfügungsmacht über die Erdölunternehmungen, die einzige Steinkohlengrube, die Donaudampfschiffahrt und 30 Prozent der Industrieproduktion in ihrer Besatzungszone entzog und außerdem noch 200 weder Zölle noch Steuern zahlende Verkaufsläden einrichtete, trug die Vormacht des Privatkapitalismus seit 1948 durch die Marshallplan-Hilfe auch zum Wiederaufbau und zur Ausrüstung verstaatlichter Unternehmungen in den westlichen Besatzungszonen bei.

Von einer systematischen Verstaatlichung konnte in Österreich nur zum Teil die Rede sein. Mit dem Verstaatlichungsgesetz des Jahres 1946 erfaßte man nicht nur neun Zehntel des Bergbaus und der auch in anderen westlichen Ländern verstaatlichten Grundindustrie, sondern auch Teile der Finalindustrie, so die Hälfte der Elektroindustrie und ein Viertel der Maschinenindustrie. Während damit nur in ungeklärte oder deutsche Eigentumsverhältnisse eingegriffen wurde, verfolgte das zweite Verstaatlichungsgesetz vom 26. März 1947 das Ziel, die gesamte Elektrizitätsversorgung dem Einfluß der Privatwirtschaft zu entziehen. Ausgenommen blieben nur Kleinanlagen bis 200 Kilowatt und Eigenversorgungsanlagen der Industrie, die nicht mehr als 100 000 Kilowattstunden pro Jahr an fremde Verbraucher abgaben. Während bei den verstaatlichten Industriebetrieben die Republik Österreich zum alleinigen Eigentümer wurde, besitzt sie in der Elektrizitätswirtschaft zu 100 Prozent nur die Verbundgesellschaft und ist mit 50 bis 94,4 Prozent an Sondergesellschaften gemeinsam mit den neun Landesgesellschaften beteiligt, die wieder zu 100 Prozent im Besitz der jeweiligen Bundesländer sind.

Die Verstaatlichungsgesetze trafen jedoch noch keine endgültige Aussage über das Verstaatlichungs-»Regime«. Der Eigentümer Staat, der noch zwanzig Jahre lang durch die beiden großen Parteien repräsentiert wurde, entwickelte fast von Wahl zu Wahl verschiedene Vorstellungen über die Zuständigkeit innerhalb der Regierung und die Organisationsform der verstaatlichten Unternehmungen.

Kompetenzmäßig unterstanden die verstaatlichten Industriebetriebe bis 1949 dem von der ÖVP geführten Ministerium für Vermögenssicherung und Wirtschaftsplanung; von 1949 bis 1956 dem von der SPÖ geführten Ministerium für Verkehr und verstaatlichte Betriebe – auch »Königreich Waldbrunner« genannt –; von 1956 bis 1959 der Bundesregierung; von 1959 bis 1966 dem sozialistischen Vizekanzler, der von einer »Nationalindustrie« sprach; von 1966 bis 1970 einem von der ÖVP geführten Ministerium für Verkehr und verstaatlichte Unternehmungen und von 1970 bis 1983 dem Bundeskanzler einer SPÖ-Regierung. Seit der Bildung der

SPÖ-FPÖ-Regierung im Jahre 1983 und deren Umbildung im Jahre 1984 unterstehen sie einem von der SPÖ geführten Ministerium für öffentliche Wirtschaft und Verkehr. 1956 übertrug der Bund die Ausübung seiner Anteilsrechte einer Holdinggesellschaft, der »Österreichischen Industrie- und Bergbauverwaltungsgesellschaft m.b.H.«, die 1959 wieder aufgelöst wurde. 1967 wurde der Gedanke der Holdinggesellschaft in Form der »Österreichischen Industrieverwaltungs-Gesellschaft m.b.H.« wieder aufgegriffen, die dann 1970 in die heute noch bestehende »Österreichische Industrieverwaltungs-Aktiengesellschaft (ÖIAG)« umgewandelt wurde.

Die Diskussion über den Verstaatlichungsumfang flammte mit der Unterzeichnung des Staatsvertrages erneut auf, da von den sowjetisch verwalteten Betrieben, die nun in österreichische Hände übergingen, nur 18 unter das Verstaatlichungsgesetz fielen. Im Wahlkampf des Jahres 1956 malten die ÖVP das Schreckgespenst einer noch weitergehenden Verstaatlichung und die SPÖ das Schreckgespenst einer Bedrohung des Volkseigentums an die Plakatwände. Nach dieser Wahl kam es zu den bisher umfangreichsten »Reprivatisierungen«. Die 319 ehemals sowjetisch verwalteten Betriebe des »Deutschen Eigentums«, die dem Finanzminister unterstanden, wurden zum Großteil abverkauft, wobei es auch zur Ausgabe von Volksaktien kam. Vom Aktienkapital der beiden großen verstaatlichten Banken wurden 40 Prozent verkauft und beim Elektrounternehmen Siemens begnügte sich der Staat mit einer Aktienminderheit. Am 1946 vorgesehenen Verstaatlichungsumfang änderte sich dadurch freilich nur wenig. Der Einfluß des Staates auf die großen Banken wurde durch die Ausgabe von stimmrechtslosen Vorzugsaktien nicht gemindert, und beim »Deutschen Eigentum« wurde lediglich eine Vergrößerung des Staatseinflusses verhindert. Die ideologische Auseinandersetzung verlagerte sich in der

Folge auf die Nebenfronten der Kapitalbeschaffung und der Produktionsstruktur, wobei die Sozialisten den verstaatlichten Industriebetrieben den Weg auf den Kapitalmarkt versperrten, während sich die Volkspartei dem Vordringen der verstaatlichten Grundindustrie in den Finalbereich widersetzte.

Die Chance, in der Zeit der Hochkonjunktur den damals noch gewinnbringenden verstaatlichten Industriebetrieben durch private Aktionäre Investitionskapital zu verschaffen und ihre aus der Zeit des Wiederaufbaues stammende Produktionsstruktur zu verbessern, konnte so nicht genügend genützt werden. Bereits die Wahlen des Jahres 1959 stellten wieder das völlige Gleichgewicht der beiden großen Parteien her, so daß keine von ihnen ihre Vorstellungen gegen den Willen der anderen durchsetzen konnte. So blieb es in der Folge bei Versuchen zu einer stärkeren Verselbständigung der Verwaltung dieser Betriebe durch die Holdinglösung und einer stärkeren branchenmäßigen Zusammenfassung der Betriebe.

Die ersten nach den Verstaatlichungsgesetzen anläßlich der Regierungsbildung des Jahres 1949 abgeschlossenen Parteienvereinbarungen zwischen ÖVP und SPÖ erhoben das bei den Wahlen dieses Jahres erzielte Verhältnis zwischen den beiden großen Parteien zur obersten Spielregel. Dieser sogenannte Proporz galt nicht nur für die Zusammensetzung der Regierung, er war auch bei den Vorschlägen für die leitenden Funktionen der verstaatlichten Unternehmungen anzuwenden; paritätisch zusammengesetzte Kommissionen bei den zuständigen Ministerien wurden bevollmächtigt, sich mit der Bestellung von Vorständen und Aufsichtsräten der verstaatlichten Betriebe zu befassen. Der Wirkungsbereich dieser Spielregel erstreckte sich aber schon damals auf alles, was – wie zum Beispiel der Rundfunk – dem Staat gehörte oder von ihm beeinflußt wurde. Im letzten in der Zeit der großen

Koalition abgeschlossenen Arbeitsübereinkommen des Jahres 1963 ging man bei der Abgrenzung der Einflußbereiche der beiden großen Parteien noch mehr ins Detail. So wurde festgelegt, daß in Gesellschaften, in denen der Vorsitzende des Vorstandes der SPÖ angehört, ein Vorsitzender des Aufsichtsrates bestellt wird, der der ÖVP angehört – und umgekehrt. Bei der verstaatlichten Creditanstalt-Bankverein sollte die ÖVP, bei der Länderbank die SPÖ die Vorsitzenden des Vorstandes und des Aufsichtsrates stellen. Beim Rundfunk reichten die Parteienvereinbarungen bis zu den stellvertretenden Chefredakteuren und zum 2. Hauptreferenten der Fernsehabteilung Jugend und Familie in der Person jenes Professor Dr. Zilk, der später Unterrichtsminister wurde und heute Bürgermeister von Wien ist.

Die Überstrapazierung des Proporzsystems löste dann auch zuerst beim Rundfunk eine Gegenbewegung in Form eines von 52 unabhängigen Zeitungen und Zeitschriften 1964 in die Wege geleiteten Volksbegehrens aus. Als 1966 die ÖVP die alleinige Regierungsverantwortung übernahm, stieß der Versuch einer Zurückdrängung des Proporzsystems sehr bald an die Grenzen der realen Machtverhältnisse. Durch das Rundfunkgesetz des Jahres 1966 kam es zwar zu einem unabhängigeren Rundfunk mit einem Generalintendanten an der Spitze. Als es jedoch 1967 zur Gründung einer Holdinggesellschaft für die verstaatlichten Industriebetriebe kam, verstanden es die Sozialisten, ihren personalpolitischen Besitzstand zu sichern. Mit dem 1968 abgeschlossenen, sogenannten »Krampusabkommen« konnten sie dank der Koppelung mit der verfassungsgesetzlichen Materie der Marktordnungsgesetze die Parität zwischen den beiden großen Parteien aufrechterhalten.

Mit der Übernahme der alleinigen Regierungsverantwortung durch die Sozialisten im Jahre 1970 hatte naturgemäß die ÖVP das größere Interesse an der Aufrechterhaltung dieser

Parität, während der SPÖ daran gelegen sein mußte, ihren Einfluß zu verstärken. Dazu hatte sie in den dreizehn Jahren ihrer Alleinregierung schon aus zeitlichen Gründen mehr Gelegenheit. Mit dem Rundfunkgesetz des Jahres 1974 wurden die Befugnisse des Generalintendanten wieder zurückgestutzt. Im Bereich der verstaatlichten Unternehmungen blieb zwar der Proporz auf der Ebene der Aufsichtsräte und der Gesamtvorstände im Prinzip unangetastet, doch boten sich andere Möglichkeiten an, die Machtverschiebung in einen stärkeren Einfluß auf diese Unternehmungen umzusetzen. Die Nominierung keiner Partei zuzurechnender Persönlichkeiten war dabei die optisch eleganteste Lösung, auch wenn sie zu Lasten der ÖVP erfolgte.

Eine zweite Möglichkeit ergab sich durch den personalpolitischen Nebeneffekt von Fusionierungen. Schon bis 1960 waren aus den ursprünglich 70 verstaatlichten Unternehmungen durch Fusionierungen, Konzernisierungen und Liquidationen 24 geworden. Vor allem mit der 1973 erfolgten Stahlfusion wurde die Zahl der Konzernunternehmungen der ÖIAG bis auf acht verringert, wobei die traditionell von ÖVP-Generaldirektoren geleitete Alpine Montangesellschaft mit den von einem SPÖ-Generaldirektor geleiteten Vereinigten Österreichischen Stahlwerken verschmolzen wurde. So unterstanden zu Beginn der achtziger Jahre bereits verstaatlichte Industrieunternehmungen mit 80 000 Beschäftigten der SPÖ nahestehenden Generaldirektoren und nur solche mit 10 000 Beschäftigten der ÖVP nahestehenden Generaldirektoren, weniger als 15 000 Beschäftigte in Unternehmungen einem Generaldirektor, der keiner Partei zuzurechnen war. Auch wurde, wie zum Beispiel bei der VÖEST oder der Länderbank von der Übung abgegangen, die Positionen des Vorsitzenden des Vorstandes und des Aufsichtsrates nicht durch der gleichen Partei nahestehende Personen zu besetzen. Von einem Proporz des tatsächlichen Einflusses zwischen den beiden großen Parteien kann also nicht mehr die Rede sein, aber auch von keiner Entpolitisierung.

Wo immer der Staat seinen Einfluß ausübte, versuchten die jeweils regierenden und im Parlament vertretenen Parteien auch ihren personalpolitischen Einfluß auszuüben. Auch die jahrzehntelang gegen den Proporz der beiden großen Parteien protestierende FPÖ bildete seit ihrer Beteiligung an der Regierung keine Ausnahme. Der schon 1949 aufgestellte Grundsatz, daß Personen, die in leitende Funktionen der verstaatlichten Unternehmungen berufen werden, die sachlichen und fachlichen Voraussetzungen mitbringen müssen, wird zwar von niemandem bestritten, seine Befolgung wird aber allein schon dadurch erschwert, daß auch große Parteien bei der Vielzahl der durch sie zu besetzenden Positionen nicht immer über die für die jeweilige Branche kaufmännisch oder technisch qualifizierten Manager verfügen. Zwei der am stärksten beachteten personalpolitischen Entscheidungen in der Ära Kreisky waren »Rochaden« von Politikern, an deren Qualifikation nicht gezweifelt wurde, bei denen jedoch unterschiedliche Motive mitspielten: die Entscheidung, den früheren Finanzminister und damaligen Klubobmann der ÖVP Univ. Professor Koren zum Präsidenten der Nationalbank zu machen, verfolgte auch das Ziel, einen anerkannten Wirtschaftsfachmann der Opposition aus der Tagespolitik zu entfernen; hingegen fiel die Entscheidung, den damaligen Vizekanzler und Finanzminister der SPÖ-Regierung Dr. Androsch zum Generaldirektor der Creditanstalt zu machen, auf Grund des Zerwürfnisses zwischen ihm und Bundeskanzler Kreisky.

Der Ruf nach Verstaatlichung noch privater Betriebe würde heute in Österreich keine Resonanz mehr finden. Unter den gegenwärtigen Verhältnissen würde die Verstaatlichung auch von ihren seinerzeitigen Befürwortern nicht mehr als Erfolgsrezept angepriesen werden. Die Bundesbeteiligungen an den verstaatlichten Unternehmungen und an der Österreichischen Industrieverwaltungs-Aktiengesellschaft, die 1983 einen Nominalwert von 12,8 Milliarden Schilling erreichten und ein Reinvermögen von 26,1 Milliarden Schilling darstellten, waren in den letzten Jahren keine Einnahmequelle des Staates, sondern eine Verlustquelle. Zuletzt mußten 1983 notleidenden verstaatlichten Industriebetrieben 16,6 Milliarden Schilling zugeschossen werden, von denen 1985 noch 5,6 Milliarden übrig waren. Damit wird aber die Sanierung der Edelstahlindustrie noch nicht abgeschlossen sein, so daß 1986/87 noch weitere Zuschüsse in der Größenordnung von fünf Milliarden Schilling erforderlich sein könnten. Während die Dachgesellschaft der verstaatlichten Industrie auch 1984 noch nicht in der Lage war, an ihren Eigentümer eine Dividende auszuschütten, wird der Bund der ÖIAG noch auf Jahre hinaus die Mittel für Tilgung und Zinsen der mit seiner Haftung aufgenommenen Anleihen, Darlehen und sonstigen Kredite ersetzen müssen. Auch wenn der Gesamtverlust der verstaatlichten Industrie von fünf Milliarden Schilling im Jahre 1983 im Jahr 1984 halbiert werden konnte, so werden ihre Betriebe, auch wenn sie einmal ausnahmslos aus den roten Zahlen herauskommen sollten, den Ruf »unsinkbarer Schiffe« eingebüßt haben. Denn über Wasser gehalten konnten die Verlustbetriebe nur mit Hilfe von Steuergeldern werden, wobei aber der Beschäftigtenstand aller Betriebe, der 1961 noch 123 000 überschritt, sich inzwischen der Hunderttausend-Grenze nähert.

Zu den Problemen der verstaatlichten Industrie sind inzwischen auch noch die Probleme gekommen, die die verstaatlichten Banken mit ihren Industriebeteiligungen bekamen. So bedarf nach der Länderbank nun auch die Creditanstalt für ihre Konzernbetriebe staatlicher Hilfe. Der Creditanstalt haben ihre Industriebeteiligungen seit 1970 Kosten von rund zehn Milliarden Schilling verursacht. Mindestens die Hälfte dieses Betrages wird der Bund zuschießen müssen, wobei auch in diesem Industriekonzern der 1984 auf rund 44285 gesunkene Beschäftigtenstand im Zuge der Sanierungsmaßnahmen in den Krisenbetrieben nicht zu halten sein wird.

Allein seit 1981 wurden großen verstaatlichten und Konzernbetrieben verstaatlichter Banken 40 Milliarden Schilling zur Verfügung gestellt. Mit dieser Privilegierung konnte jedoch nicht immer der erwartete Erfolg erzielt werden. Das Bedürfnis der Politiker, sich um diese Betriebe persönlich zu kümmern, hat längst als notwendig erkannte Umstrukturierungen verwässert oder verzögert. Der Instanzenzug für die auf Vorstandsebene ins Auge gefaßten Sanierungsmaßnahmen endete in der Praxis weder bei den Aufsichtsräten noch bei der Dachgesellschaft der verstaatlichten Industriebetriebe, sondern zuweilen erst beim Bundeskanzler. Von ihm persönlich abgegebene »Beschäftigungsgarantien« oder ausgesprochene »Managerkritiken« führten in der Ära Kreisky dazu, daß der Weg der politischen Intervention noch häufiger beschritten wurde.

Dieser Stil wurde auch unter Bundeskanzler Sinowatz beibehalten, der sogar eine Regierungsklausur in Steyr abhielt, um bei den nach dieser Stadt benannten Werken eine spezifische Form der Arbeitszeitverkürzung durchzusetzen. Die Forderung, auch staatsnahe Betriebe nach privatwirtschaftlichen Grundsätzen zu führen, ist in der politischen Praxis Österreichs nur schwer durchzusetzen. Zu groß ist die Zahl direkter Drähte, die von Betriebsräten, Vorstandsdirektoren und Aufsichtsräten zu Politikern führen, die sich aus regionalpolitischen, interessenpolitischen oder parteipolitischen Gründen als kompetent betrachten. Die Einsicht, daß gewinnbringende Betriebe auch die besten Garanten ihrer Arbeitsplätze sind, ist in der Theorie wohl auch dem Eigentümer Staat nicht fremd. Geht es aber in der Praxis darum, einen in die roten Zahlen geratenen staatsnahen Betrieb zu sanieren, stellen die damit verbundenen Härten für Politiker aller Parteien eine Versuchung dar, sich mit einer »zumutbareren« Lösung zu profilieren. Kommt es dann noch zu finanziellen Zuwendungen, die an keine präzisen Bedingungen geknüpft sind, so können durch Strukturkonservierung sogar die Chancen einer zeitgerechten Strukturverbesserung verspielt werden.

Vierzig Jahre nach der Beschlußfassung über die Verstaatlichungsgesetze wird man in Österreich von der Illusion Abschied nehmen müssen, durch die Verstaatlichung eine der Privatwirtschaft überlegene Form des Wirtschaftens gefunden zu haben. Nur eine Zeitlang schienen verstaatlichte Betriebe durch die Hortung von Arbeitskräften und überdurchschnittlich hohe freiwillige Sozialleistungen wenigstens für ihre Belegschaften profitabler zu sein. Inzwischen mußte viel Lehrgeld für die Einsicht gezahlt werden, daß auch diese Betriebe sich im internationalen Wettbewerb nur behaupten können, wenn sie nach privatwirtschaftlichen Grundsätzen geführt werden. Als untauglich erwies sich auf jeden Fall die Methode, die vom Eigentümer Staat an die zuständigen Organe delegierten betriebswirtschaftlichen Entscheidungen aus falsch verstandenen Popularitätsrücksichten wieder auf die politische Ebene zu verlagern. Politiker, die kurzfristig in den Kategorien des parteipolitischen Wettbewerbs im eigenen Land denken, können nicht als interimistische Betriebsführer agieren, die mittelfristig und in den Kategorien des internationalen Wettbewerbs denken sollten.

Angesichts des Umfangs seiner Eigentumsrechte und der Vielfalt seiner Beteiligungen sollte sich der Staat vielmehr fragen, ob er sich in seiner Rolle als Unternehmer nicht mehr verstrickt und verzettelt hat, als es seiner Rolle als oberster Verantwortlicher für die gesamte Wirtschaft guttat. Rahmenbedingungen zu setzen, die ein Anreizklima für Forschung und Innovation, Strukturverbesserung und Investitionstätigkeit bieten, ist schließlich noch wichtiger als das Engagement für einzelne Betriebe, das im Falle einer wettbewerbsverzerrenden Subventionspraxis auch noch zur Fehlleitung gesamtwirtschaftlicher Ressourcen führen kann. Was der Staat unmittelbar nach dem Krieg in die Hand nehmen mußte, weil es niemand anderer konnte und weil es fremdem Zugriff entzogen werden sollte, braucht vierzig Jahre später nicht als zukunftweisendes Konzept respektiert zu werden. Wo der Staat heute überall seine Hand im Spiel hat, geht es ja nicht nur um »Schlüsselindustrien«, um die er sich aus »nationalem« Interesse kümmern muß. Hinzugekommen sind Töchter- und Enkelfirmen verstaatlichter Unternehmungen und geblieben sind eher exotische staatliche Betätigungen von der Reisebüro- bis zur Filmbranche. Die Beteiligungen des Bundes an sonstigen inländischen Unternehmungen, die einem Reinvermögen von rund 32 Milliarden Schilling entsprechen, übertreffen sogar noch das Reinvermögen der verstaatlichten Unternehmungen und der ÖIAG um rund fünf Milliarden. Es gibt also quantitative und qualitative Gründe dafür, das unternehmerische Betätigungsfeld des Staates neu abzustekken und dabei der Privatinitiative mehr Raum zu geben. Wenn man in Österreich von einer »gemischten Wirtschaft« spricht, so sollte man nicht vergessen, daß es dabei auf ein Erfolg versprechendes Mischungsverhältnis ankommt und nicht auf eine »Akklimatisierung« auf halbem Wege zwischen Privatkapitalismus und Staatskapitalismus. Daß man mit weniger Verstaatlichung mehr wirtschaftlichen Erfolg haben kann, beweist schon die benachbarte Schweiz – und selbst das benachbarte Ungarn kann als Beweis dafür dienen, daß man sich von mehr Privatinitiative mehr Erfolg versprechen kann.

Was Österreich in Zukunft nur begrenzt möglich sein wird

7. KAPITEL

Eine militärische Neutralität nach dem Vorbild und zum halben Preis der Schweiz

So besorgt die Österreicher über die Zukunft dieser Welt oder ihrer Umwelt im heutigen Sprachgebrauch sein können, so sorglos können sie sich geben, wenn von Neutralitätspolitik oder gar von den sich daraus ergebenden Verpflichtungen die Rede ist. Das Glück, das sie als Bürger eines seit drei Jahrzehnten neutralen Landes bereits gehabt haben, betrachten sie als eine Art Gewohnheitsrecht. Das Gefühl, auf der »Bühne der Weltpolitik« zu stehen, überkommt sie nur bei feierlichen Anlässen im Zeichen der Entspannung. Hingegen hoffen sie, sich in den Zuschauerraum versetzen zu können, sollte es in Zukunft auf dieser Bühne zu einer dramatischeren Entwicklung kommen. Gegen eine Wiederaufführung der Belvedere-Szene vom 15. Mai 1955, bei der der österreichische Außenminister Figl zwischen dem Engländer MacMillan, dem Franzosen Pinay, dem Amerikaner Dulles und dem Russen Molotow der jubelnden Menge den unterzeichneten Staatsvertrag präsentierte, haben sie nichts einzuwenden, auch wenn dabei Österreich wie 1985 nur die Rolle des Gastgebers für ein amerikanisch-sowjetisches Außenministertreffen spielt. Was inzwischen sonst noch alles passiert ist – hart an der österreichischen Grenze 1956 in Ungarn oder 1968 in der Tschechoslowakei, 1973 in der Nähe von Wien mit jüdischen Auswanderern aus der Sowjetunion oder 1975 mit Teilnehmern an einer OPEC-Konferenz in Wien –, gehört zur bereitwillig verdrängten Vergangenheit.

Terror, militärische Operationen in Nachbarländern, Flüchtlinge, die sich oft unter Lebensgefahr auf österreichisches Gebiet retten – all das betrachten die Österreicher als Zwischenfälle, die nur beweisen, daß daraus nie der Ernstfall für Österreich wurde. Auf die Frage, welche Gefahren sie für die ganze Nation als groß ansehen, antworteten die Österreicher 1978 allen Ernstes mit »Unfällen im Straßenverkehr« an erster Stelle! Erst nach Wirtschaftskrise durch Energiemangel, Atomkraftwerksunfällen und Erdbeben nannten sie an elfter Stelle einen Weltkrieg und an vierzehnter Stelle einen Krieg mit Nachbarstaaten als nationale Gefahr. Und wenn 1984 zum ersten Mal der Schutz der Umwelt von 80 Prozent der befragten Österreicher als dringlichste politische Aufgabe bezeichnet wurde, so war damit die natürliche Umwelt gemeint und nicht etwa ein Bedrohungsbild, bei dem die politische oder militärische Umwelt Österreichs eine Rolle spielt. Daß in Europa-Mitte nach dem Stand von 1983 24 NATO-Divisionen mit 6800 Panzern und 1600 Kampfflugzeugen und 59 Divisionen des Warschauer Paktes mit 18 300 Panzern und 3100 Kampfflugzeugen stationiert sind, beschäftigt zwar seit über einem Jahrzehnt und bisher ohne jedes greifbare Ergebnis die Wiener Truppenabbaugespräche, aber nicht die österreichische Öffentlichkeit.

Das in der Ära Kreisky geborene Schlagwort von einer guten Außenpolitik, die die beste Verteidigungspolitik sei, kam dem Bequemlichkeitsbedürfnis entgegen: Eine im Vergleich zur Schweiz unbestritten »spektakulärere« Außenpolitik hat in den Augen der Österreicher dafür zu sorgen, daß ihr Land in einer »Übergangszeit« noch anhaltender internationaler Spannungen den Anschluß an die nächste Entspannung findet, die dann alle sonst unterlassenen Anstrengungen rechtfertigt. Dabei können die Österreicher sich wirklich nicht vorwerfen, daß sie es an einer nach außen gerichteten Politik hätten fehlen lassen. Sie betreiben eine Politik der guten Nachbarschaft, die in Belgrad, Bern, Bonn, Budapest und mit Abstand in Prag auf Erfolge verweisen kann. Sie pflegen seit der Unterzeichnung des Staatsvertrages ihre Beziehungen zu den Signatarstaaten, was in London, Moskau, Paris und Washington anerkannt wird. Sie spielen in Straßburg beim Europarat und in New York bei den Vereinten Nationen eine aktive Rolle. Wien ist, auch wenn gerade kein Gipfeltreffen stattfindet, zum dritten UNO-Zentrum und zum Ort von Truppenabbaugesprächen geworden. Seit Helsinki und seinen Folgekonferenzen für die Entspannung für Europa sind die Österreicher als »Ideenlieferanten« für Kompromisse gefragt. Und weil das alles die Kapazität der österreichischen Außenpolitik noch nicht auslastete, bot sie zeitweilig auch noch im Nahostkonflikt und im Nord-Süd-Konflikt ihre guten Dienste an. Zumindestens ein Obmann der beiden großen österreichischen Parteien, wie früher Kreisky und heute Mock, spielt in den internationalen Organisationen dieser Parteien eine maßgebende Rolle. Da ist es doch naheliegend, daß Österreich seine Anstrengungen auf die Außenpolitik konzentriert, wo sie vielleicht von Nutzen sein können, und auf Anstrengungen dort verzichtet, wo sie nach einer weit verbreiteten Meinung »eh nix nutzen«.

Die geschichtliche Lehre einer Besatzungszeit, in der das scheinbar ohnmächtige, aber zu Widerstand und Opfern bereite österreichische Volk eine Zeit der Prüfung bestanden hat, ist nicht leicht in die Zukunft zu projizieren. An der Absurdität einer Welt, die sich zur Möglichkeit mehrfacher Selbstvernichtung hochgerüstet hat, ist inzwischen nicht mehr zu zweifeln. Zweifellos aber hat Österreich als atomar unbewaffnetes und konventionell unterbewaffnetes Land nichts zu dieser Absurdität beigetragen. Österreich hat vielmehr ein natürliches Interesse daran, daß die militärischen

Bündnissysteme, an deren Nahtstelle es liegt, die Schwelle ihrer offensichtlich übertriebenen Sicherheitsbedürfnisse so weit wie möglich in überprüfbarer und ausbalancierter Weise senken. Was Österreichs Politik tun kann, um zur Sicherung des Friedens beizutragen, das sollte sie in realistischer Einschätzung ihrer Möglichkeiten tun. Das gilt für den Dialog zwischen den potentiellen Hauptverursachern eines atomaren Holocausts, der in Gang zu bringen und in Gang zu halten ist. Die hypnotische Wirkung, die diese Schreckensvision begreiflicherweise ausübt, darf jedoch nicht den Blick für die gesamte Bandbreite möglicher Risiken trüben. So wäre es eine Illusion zu glauben, daß die Beseitigung bestimmter Waffenkategorien oder die Verringerung der Gesamtzahl der Waffen bereits zur Ausschaltung von Konfliktursachen führt. Ebenso wäre es eine Illusion zu glauben, daß Österreich zwischen einem weiter auf seine Waffengewalt vertrauenden und einem abgerüsteten, nur auf die Nichtanwendung der Waffen des anderen vertrauenden Block ungefährdet existieren könnte.

Die österreichische Neutralität ist bereits ein Vorgriff auf eine noch nicht existierende Weltfriedensordnung. Dieser Vorgriff besteht in der Aufrechterhaltung eines Ortes der Begegnung, ohne sich selbst als »die Brücke« internationaler Verständigung zu überschätzen; er besteht aber auch in Form einer militärisch verdünnten Zone, einem Beispiel, das in der Nachbarschaft Österreichs noch keine vergleichbare Nachahmung gefunden hat. Idealisten und solche, die sich nur so gebärden, empfehlen Österreich, obwohl es sich zur Verteidigung mit allen ihm zu Gebote stehenden Mitteln verpflichtet hat, an Stelle eines solchen Vorgriffs eine Vorwegnahme: Sie unterstellen, daß Österreich als militärisches Vakuum zum Schrittmacher einer unaufhaltsamen Friedensbewegung in der Welt und nicht zum Opfer einer in der Welt noch immer praktizierten Aggression werden könnte. Friedenspolitik ist jedoch mehr als eine nach innen und außen gerichtete Gefälligkeitspolitik, die um der Bequemlichkeit willen auch den Frieden selbst aufs Spiel setzt. Denkt man daran, welchen Verzicht auf Selbständigkeit Österreich leisten müßte und welche militärischen Anstrengungen es unternehmen müßte, wenn es Mitgliedstaat eines Bündnissystems wäre – von möglichen anderen Nachteilen ganz zu schweigen –, so erscheint die österreichische Neutralität bereits jetzt als die denkbar vorteilhafteste Lösung.

Das darf aber nicht zu dem Mißverständnis führen, Österreich könne aus seiner neutralen Position nur Vorteile für sich herausschlagen, ohne auch Nachteile dafür in Kauf nehmen zu müssen. Auch die Neutralität hat ihren »Preis«, und nichts berechtigt zu der Annahme, daß ausgerechnet Österreich in seiner exponierten Lage dafür nur den »halben Preis« anderer neutraler Staaten zu bezahlen hätte.

Eine Antwort auf die Frage, weshalb die Österreicher überhaupt annehmen konnten, ihre Neutralität werde für sie billiger sein, kann nur in der jüngsten Geschichte der österreichischen Landesverteidigungspolitik gefunden werden. Obwohl die Notwendigkeit der Landesverteidigung noch früher erkannt wurde als die Möglichkeit der Neutralität, wurde die Landesverteidigung später zum Exerzierfeld zaudernder Halbherzigkeit. Schon in der Provisorischen Regierung des Jahres 1945 hatte es ein Unterstaatssekretariat für Heerwesen gegeben, und bereits 1947 hatten sich die Alliierten darauf geeinigt, daß Österreich Landstreitkräfte in der Höhe von 53 000 Mann sowie eine Luftwaffe mit 5000 Mann und 90 Flugzeugen besitzen solle. Noch im Jahre 1949 wurden in den westlichen Besatzungszonen drei mit leichten Infanteriewaffen und Panzerspähwagen ausgerüstete Alarmbataillone der sogenannten B-Gendarmerie aufgestellt, deren Grundschulen 1952 von ehemaligen Heeresoffizieren übernommen wurden. Ende 1954 gab es bereits neun solcher

Bataillone. Knapp vier Monate nach Zustimmung der alliierten Botschafterkonferenz zur allgemeinen Wehrpflicht wurde 1955 ein Wehrgesetz beschlossen, bei dem sich die beiden großen Parteien auf das arithmetische Mittel einer neunmonatigen Wehrpflicht geeinigt hatten. Als bald darauf der österreichische Bundeskanzler Raab Bonn besuchte, konnte er bei einer Pressekonferenz auf die Frage nach den Gründen der im Verhältnis zur Bundesrepublik so reibungslosen Aufstellung einer Armee antworten: »Schau'n S', wir haben halt eine wesentlich größere militärische Tradition.«

Nach einer allgemeinen österreichischen Tradition wurde jedoch aus diesem Bundesheer ein Dauerprovisorium durch den Versuch, sich dieser neutralitätspolitischen Verpflichtung zumindestens teilweise zu entziehen. Die Waffenbestände, die die Alliierten dem Bundesheer überließen, erwiesen sich als Danaergeschenk. Die in der großen Koalition ausgehandelten drei bis vier Prozent des Budgets reichten gerade noch für den Personalaufwand und die Kasernenbauten. Die 4-Prozent-Grenze wurde nur bis zum Jahre 1969 einige Male überschritten und seither stets unterschritten. Nach einer Neubewertung der Bedrohungsbilder erfolgte 1962 eine Reorganisation des Bundesheeres, doch nach einem Jahrzehnt überstiegen die Fixkosten die Ausgaben für die notwendigen Neuanschaffungen für das veraltete Material bereits um mehr als das Doppelte.

Zwei Jahre nach dem Einsatz des Bundesheeres während der Tschechenkrise setzte sich im Wahlkampf des Jahres 1970 die Forderung »Sechs Monate sind genug« durch. Die im Zusammenhang mit der Wehrdienstverkürzung notwendig gewordene Umstellung auf ein Milizsystem dauerte nahezu ein Jahrzehnt. Wohl wurde 1975 das Bekenntnis zur »umfassenden Landesverteidigung« in der Verfassung verankert, die zur Verwirklichung der Doktrin der »Raumverteidigung« notwendigen Voraussetzungen aber wurden nicht mit der notwendigen Konsequenz und nur sehr zögernd geschaffen. Die 1973 als notwendig angesehene schrittweise Erhöhung der Verteidigungsausgaben auf 7 Prozent des Budgets wurde nie realisiert. Im Budget erreichen die Verteidigungsausgaben zur Zeit nur 3,47 Prozent der Gesamtausgaben.

Österreichs Verteidigungsausgaben erreichten zwischen 1970 und 1982 nur 19,6 Prozent der schwedischen und 28,6 Prozent der Schweizer Verteidigungsausgaben. Mahnende Worte des 1974 zum erstenmal gewählten Bundespräsidenten und Oberbefehlshabers des Bundesheeres und des von 1970 bis 1983 amtierenden Bundeskanzlers, mit denen im Jubiläumsjahr 1985 nachträglich an die staatspolitische Notwendigkeit der Landesverteidigung erinnert wurde, konnten vergangene Unterlassungssünden der politisch Verantwortlichen nicht wettmachen. Der in diesem Jubiläumsjahr bekanntgewordene Zustandsbericht zeigte vielmehr schwerwiegende Ausrüstungsmängel des Bundesheeres auf und sprach allein von 47 fehlenden Milliarden für die Verwirklichung des Landkonzeptes. Weil man nicht bereit gewesen war, ausreichende Mittel in die Landesverteidigung zu investieren, entstand zwangsläufig die Optik von Fehlinvestitionen, da weder die von den Präsenzdienern beim Bundesheer verbrachte Zeit noch die lückenhafte und unausgewogene Ausrüstung das angestrebte Ziel erreichen ließen. Man lieferte damit nur der Minderheit, die schon 1970 für die Abschaffung des Bundesheeres plädiert hatte, Argumente ins Haus. Daß nicht zuletzt mangelnde politische Konsequenz und Entschlußkraft Schuld an diesem Zustand trugen, bewies die 1985 einem vorläufigen Höhepunkt zustrebende Groteske der Luftraumüberwachung und -verteidigung.

Bildhaft hatte schon der frühere Armeekommandant Spannocchi darauf hingewiesen, daß die militärische Verteidigung der österreichischen Neutralität 50 Meter über dem Boden aufhöre, obwohl nach internationalen Usancen der Luftraum eines Landes bis zu einer Höhe von 20000 Meter zu seinem Verantwortungsbereich gehört. Ungeachtet eines im Jahre 1975 einstimmig gefaßten Beschlusses, der neben einer Luftraumüberwachung auch die erforderlichen Fliegerverbände als notwendig bezeichnete, besaß Österreich zehn Jahre später nur 1967/68 angeschaffte Trainingsflugzeuge und eine als »Goldhaube« bezeichnete Luftraumüberwachung. Die 1981 empfohlene Anschaffung moderner Abfangjäger wurde von der Regierung Kreisky mit der Begründung, es sei dafür kein Geld vorhanden, unterlassen. 1985 hatte es den Anschein, als ob sich die Regierung Sinowatz nun doch zu einem solchen Entschluß durchringen würde. Doch während Schweden über 354, die Schweiz über 296 und sogar Finnland über 65 Abfangjäger verfügen, wagte man in Österreich nur an 24 Maschinen eines überalterten Typs unter der verschämten Bezeichnung »Überwachungsflugzeuge« zu denken. Damit löste man nicht nur regionale Proteste gegen die Stationierung aus, sondern ließ auch die Diskussion über die Zweckmäßigkeit der Typenwahl, ja der Luftraumverteidigung und des Bundesheeres überhaupt aufleben. Zwischen den beeindrukkenden Leistungen der österreichischen Kunstfliegerstaffel »Karo As« und dem vergleichsweise hohen Stand von 65000 Kasernenbetten wurde eine niveauvolle Diskussion der österreichischen Verteidigungsdoktrin immer schwieriger. Eine Mentalität, die die Nichtbeachtung selbst verkündeter Grundsätze und das Nichterreichen selbst gesteckter Ziele hinzunehmen bereit war, wurde so zur Hypothek der Politik im allgemeinen.

Die größte Gefahr für die Zukunft aber besteht darin, daß die Österreicher ganz allgemein die Neutralität ihres Landes nicht als schwierige Aufgabe begreifen, sondern für einen »Logenplatz« halten, von dem aus sie – selbstverständlich zu einem ermäßigten Preis – dem »Welttheater« nur zuzuschauen brauchen. Dabei muß sich die Politik eines neutralen

Staates noch in ungleich höherem Maße auf das Verständnis seiner Bürger stützen können als die Politik eines Staates, der in einem Bündnissystem »mitmarschiert«. Denn sie muß sich im unübersichtlichen Gelände der Weltpolitik selbst zurechtfinden, wobei der »Kompaß« der Neutralität keineswegs immer den am leichtesten gangbaren Weg anzeigt. An Gründen, weshalb die österreichische Neutralitätspolitik in den nächsten Jahrzehnten auch schwieriger werden könnte, fehlt es nicht, selbst wenn man von der Möglichkeit bewaffneter Konflikte absieht. Österreich, das anläßlich der Unterzeichnung seines Staatsvertrages in bisher einmaliger Weise dazu diente, Entspannung zu signalisieren, muß logischerweise auch in Mitleidenschaft gezogen werden, wenn im gleichen Beziehungsfeld Spannungen auftreten. Wenn in der psychologischen Kriegführung zwischen den Supermächten »Warnschüsse« auch vor dem österreichischen »Bug« landen, muß zwar Österreich nicht immer unmittelbar gemeint sein, doch überhört werden dürfen sie in der heiklen Lage dieses Landes nicht. Muß doch Österreich darauf gefaßt sein, daß seine Neutralität in Zeiten von Spannungen auf beiden Seiten einer »Nachkalkulation« ihrer Zweckmäßigkeit unterzogen wird.

Auch mit einer Spannung anderer Art muß Österreich fertig werden. Mit der zunehmenden ökonomisch-technischen Verflechtung nimmt die wechselseitige Abhängigkeit aller Staaten zu, die eines kleinen Staates aber im besonderen. Seinem gleichbleibend kleinen Wirtschaftsraum stehen die Zusammenschlüsse einer Vielzahl anderer Staaten in größeren Wirtschaftsräumen gegenüber und seinen begrenzten wissenschaftlich-technischen Möglichkeiten die sprunghaft zunehmenden in den Hochtechnologiezentren der Welt. Dem Dilemma zwischen Abhängigkeit und Souveränität kann der neutrale Staat weder durch totale Integration in einen Wirtschaftsraum noch durch eine Autarkiepolitik entgehen. Österreichs Beziehungen zur Europäischen Wirtschaftsgemeinschaft werden von den Sowjets ebenso wachsam beobachtet wie sein Osthandel von den USA. Als typisches Transitland, durch das sowjetisches Erdgas nach dem Westen gepumpt wird, nicht aber von den Amerikanern als kriegswichtig angesehene Hochtechnologie nach dem Osten gelangen soll, befindet sich Österreich gleichfalls in einer heiklen Lage.

Schließlich kann Österreich auch in das Spannungsfeld weiter entfernter Konflikte geraten. Es muß als Mitglied der Vereinten Nationen und als von keinem Bündnis geschützter Staat auf die internationale Ächtung von Aggressionsakten Wert legen. Zu Aggressionsakten in Form von Kriegen, Bürgerkriegen und Interventionen ist es seit dem Zweiten Weltkrieg schon mehr als 250 Mal gekommen. Ein großer Teil dieser Konflikte entfiel auf jene Weltteile, in denen keine »Kettenreaktion« durch die Automatik von Bündnisverpflichtungen zu befürchten ist. Solche Konflikte werden jedoch häufig verdeckt ausgetragen und die Grenzen zwischen spontanen Aufständen in einem Land, und ihrer systematischen Unterstützung durch ein anderes Land, zwischen »Volksbefreiungsbewegungen« und »Stellvertreterkriegen« sind fließend geworden. Revolutionen können durch Interventionen ebenso unterdrückt wie künstlich genährt werden. Österreich, das sich zu einer aktiven Neutralitätspolitik entschlossen und in den Vereinten Nationen – zeitweilig auch als Mitglied des Sicherheitsrates– besonders engagiert hat, steht auch hier vor einer schwierigen Aufgabe. Es muß Aggressionsakte, von wem immer und gegen wen immer sie nachweisbar begangen wurden, öffentlich verurteilen. Gleichzeitig aber muß Österreich in allen offiziellen Stellungnahmen und in seinem Abstimmungsverhalten bei den Vereinten Nationen seine Unparteilichkeit unter Beweis stellen.

Aufgrund der geographischen Lage ihres Landes müßte die neutralitätspolitische Perspektive der Österreicher ein Rundhorizont sein, der erkennen läßt, in welch vielfältiger Weise sie im Mittelpunkt internationaler Spannungsfelder liegen. Doch Probleme, die nicht traditioneller Art sind wie Südtirol und die Kärntner Slowenen oder sich nicht aus aktuellen Ereignissen in der unmittelbaren Nachbarschaft ergeben, werden gern ausgeblendet.

Außenpolitische Generaldebatten sind selten und finden nur ein geringes Echo. Die Beantwortung der so entscheidenden Frage, welchen Spielraum der Status seiner Neutralität Österreich läßt, wird gerne Spezialisten überlassen. Im Mittelpunkt der öffentlichen Aufmerksamkeit standen deshalb oft Stilfragen wie das in der Ära Kreisky gern geübte Erteilen von Zensuren an die Adresse anderer Staaten oder die Einladung von Enfants terribles der Weltpolitik. Nach einer im Jahre 1978 durchgeführten Befragung zeigten sich nur 17 Prozent der Österreicher wirklich an der Außenpolitik interessiert, und 72 Prozent erklärten, zu wenig über Außenpolitik informiert zu sein, wobei immerhin 51 Prozent selbstkritisch feststellten, daß man sich zu wenig mit Außenpolitik befaßt.

Neutralitätspolitik als ein notwendigerweise Ganzes der Bevölkerung und im besonderen der jungen Generation vor Augen zu führen, wird eine der wichtigsten Aufgaben der Zukunft sein. Dabei kann nicht oft genug betont werden, daß Neutralitätspolitik das Gegenteil einer Politik ist, die Konflikte herbeiführt, sucht oder ausnützt. Neutralitätspolitik ist nichts anderes als eine Konfliktvermeidungsstrategie. Eine solche muß schon im eigenen Land beginnen und die Eskalation innerer Konflikte zu vermeiden trachten. Ein neutraler Staat kann sich nur *eine* Neutralitätspolitik und nicht grundlegende Auffassungsunterschiede über sie leisten. Zu allen Nachbarstaaten freundschaftliche oder zumindestens von chronischen Konflikten freie Beziehungen zu unterhalten, muß das erste Ziel des neutralen Staates sein. Für Österreich ergibt sich durch den Staatsvertrag und aus seiner geographischen Lage aber auch die Notwendigkeit, seine Beziehungen zu allen Signatarstaaten besonders zu pflegen. Ungeachtet der Spannungen, die sich zwischen den weltweit miteinander konfrontierten Vereinigten Staaten und der Sowjetunion ergeben können, muß Österreich trachten, das Verhältnis zu ihnen von Mißverständnissen frei und ihr Interesse an seiner Neutralität als einem stabilisierenden Faktor in Mitteleuropa wachzuhalten.

Selbstverständlich erschöpft sich Neutralitätspolitik nicht allein in diesem Beziehungsfeld. So muß sie ein natürliches Interesse an der Existenz anderer neutraler oder zumindestens blockfreier Staaten und ganz allgemein an der Unverletzlichkeit der Souveränität kleiner Staaten haben. Die Notwendigkeit, Neutralitätspolitik vor einem Welthorizont zu betreiben, darf aber nicht dazu verleiten, in Konfliktfällen voreilig Partei zu ergreifen und sich auch noch dort zu engagieren, wo Vermittlerdienste nicht von beiden Konfliktparteien gewünscht werden. Die Aktivität des neutralen Staates soll nicht in Geschäftigkeit ausarten, sein Engagement soll sich aus seinem nationalen Interesse ergeben und nicht aus Bedürfnissen, die über oder unterhalb dieser Ebene bestehen. Am allerwenigsten dürfen Emotionen oder gar persönliche Ressentiments seine Politik mitbestimmen. Wenn die österreichische Neutralität für Entscheidungen, die anderswo getroffen werden, ein Kalkül darstellen soll, muß sie kalkulierbar bleiben, und dieses Ziel ist durch die Kontinuität einer zurückhaltenden Politik am besten zu erreichen.

Eine österreichische Konfliktvermeidungsstrategie für die nächsten drei Jahrzehnte wird die allgemeine Risikoverminderung durch Verständigung und Abrüstung ebenso wenig aus dem Auge verlieren dürfen wie die spezielle Risikoverminderung, auf die eine verantwortungsbewußte Politik bis zur Erreichung dieses Zieles nicht verzichten kann. Das

Eigengewicht Österreichs im mitteleuropäischen Kraftfeld ungleich mächtigerer Bündnissysteme ist zweifellos gering. Dieses Eigengewicht durch Uneinigkeit über die Neutralitätspolitik und ihre Voraussetzungen noch weiter zu verringern, würde jedoch Österreich zu einem »Spielball« machen, der früher oder später zwangsläufig in fremde Hände fallen müßte. Gerade gegenüber der jungen Generation wäre es verantwortungslos, vermeidbare Risiken leichtfertig heraufzubeschwören. Ist doch die mit dem Begriff der Neutralität formulierte Absicht eines Staates, sich und seine Bürger aus Konflikten herauszuhalten, nichts anderes als eine Politik des Überleben-Wollens, die nicht zuletzt im Interesse derer liegt, die noch viel von ihrem Leben vor sich haben.

Nicht nur angesichts von Gefährdungen unserer Umwelt im heute so gebräuchlichen Sinne, sondern auch angesichts möglicher Gefährdungen aus unserer politisch-militärischen Umwelt wäre Gleichgültigkeit fehl am Platze. Der Wunsch, es sollte überhaupt keine solchen Gefährdungen geben, ist berechtigt und begreiflich. Allein durch Proteste und Abstimmungen im eigenen Land aber ist dieser Wunsch noch nicht erfüllbar, nicht zuletzt deshalb, weil politische Entscheidungen nicht in allen Gesellschaftssystemen in gleicher Weise durch Proteste und Abstimmungen beeinflußbar sind. Die Erfahrung zeigt, daß das Beispiel der österreichischen Neutralität bisher nicht Schule machen konnte, weil es eine Ausnahme von der Regel des Konfliktmusters der Welt darstellte.

Als Beispiel für eine von Konflikten freiere Welt sollte die österreichische Neutralität aber auch in Zukunft weiter wirken. Dazu bedarf jede österreichische Regierung der Legitimation durch ihre Bürger, Neutralitätspolitik konsequent und nicht nur »zum halben Preis« betreiben zu dürfen. Im Gesamtspektrum der Neutralitätspolitik geht es dabei weniger um die denkbar größten Gefahren für das Land, als darum, schon den Anfängen zu wehren. Es geht um die Aufrechterhaltung der für unsere demokratische Ordnung unentbehrlichen Meinungsfreiheit der einzelnen Bürger und der Medien auch dann, wenn dies einem Mächtigen nicht paßt. Es geht um die Aufrechterhaltung des Asylrechtes für Flüchtlinge auch dort, wo sie bis hart an die Grenze Österreichs verfolgt werden. Es geht um die Aufrechterhaltung der Handlungsfreiheit der österreichischen Regierung innerhalb der Grenzen der von ihr freiwillig übernommenen Verpflichtungen auch in Fällen, in denen auf sie Druck ausgeübt werden sollte. Es geht schon im Frieden um die Kontrolle und bei in der unmittelbaren Nachbarschaft ausgetragenen Konflikten um den Schutz des österreichischen Staatsgebietes. Und es geht erst in letzter Linie darum, durch die Höhe des »Eintrittspreises« Österreich aus den Überlegungen potentieller Aggressoren auszuklammern.

Was die Österreicher von der Zukunft wollen, ist nicht mehr, aber auch nicht weniger als das, was ihnen in der Zeit, in der sie nicht Herren in ihrem eigenen Land waren, als Ziel vorschwebte: in diesem Land in Frieden und Freiheit in einer selbstgewählten Ordnung leben zu dürfen. Die Neutralitätspolitik ist und bleibt das Mittel zu diesem Zweck. Ihr »Preis« darf den Österreichern nicht zu hoch sein.

8. KAPITEL

Eine improvisierte Regierung und improvisiert mitregierende Wähler

Die Zweite Republik hatte ihr vierzigstes Lebensjahr noch nicht vollendet, als ihr zugeschrieben wurde, sie befinde sich in einer »midlife crisis«. Eines der Symptome, das zu dieser Diagnose Anlaß gab, ließ sich sogar aus der österreichischen Bundeshymne ableiten. Noch vor dem Neujahrskonzert der Wiener Philharmoniker, mit dem Österreich seinen Ruf, eine »Insel der Seligen« zu sein, auch für das Jahr 1985 prolongierte, lieferte die Alpenrepublik den Beweis, daß sie nicht nur ein »Land der Berge«, sondern auch ein »Land am Strome« ist und aus der geplanten Stromgewinnung aus dem Donaustrome politische Hochspannung zu erzeugen vermag.

Das Jahr 1984 ist reich an Rückblicken gewesen: auf den Ausbruch des Ersten Weltkrieges im Jahre 1914 und auf das Bürgerkriegsjahr 1934. Auch an das letzte volle Jahr des Zweiten Weltkrieges 1944 oder an das letzte volle Jahr der Besetzung Österreichs 1954 hätte man sich erinnern können; notfalls sogar daran, daß 1954 mit dem Bau des Donaukraftwerkes Ybbs-Persenbeug begonnen wurde, dessen Problematik noch in der Freigabe des Baugeländes durch die sowjetische Besatzungsmacht lag. Ende 1984 aber wurde die österreichische Bundeshymne in der Au bei Hainburg von Demonstranten gesungen, die gegen den dort geplanten Bau eines weiteren Donaukraftwerkes protestierten. Eine Zeit lang schien Österreich nicht mehr in die traditionellen Lager der »Roten«, »Schwarzen« und »Blauen« aufteilbar zu sein. »Grüne Baumbrüder«, die den Auwald gegen die Rodung durch »graue Zubetonierer« verteidigten, behaupteten vielmehr, in ihrem Lager sei Österreich. Um Tagesaktualität bemühte Medien stellten sich auf »Frontberichterstattung« um und malten die Gefahr blutiger Auseinandersetzungen zwischen noch studierenden Auschützern und um ihre Arbeitsplätze bangenden Bauarbeitern an die Wand. Und auf den Zeitgeist spezialisierte Kommentatoren erklärten, daß nun an die Stelle des alten Konfliktmusters der Verteilung von Ansprüchen in Form von Geld das neue Konfliktmuster der Verteidigung von Werten in Form des Verzichtes auf die Zerstörung der Natur getreten sei.

Angesichts der Gefahr, daß die für die österreichische Nation charakteristische Gemütlichkeit aufhören könnte, entschloß sich die zuerst auf den Einsatz der Exekutive vertrauende österreichische Regierung zu einer »österreichischen Lösung«: zum vorläufigen Nichthandeln beim Kraftwerksbau und zum Wechsel auf die europäische Überholspur bei der Einführung des Katalysators für benzingetriebene Kraftwagen. So beendete Österreich das Orwell-Jahr 1984 mit 1620 Verkehrstoten, ohne daß die Politik, der bisher in der Zweiten Republik nur ein Menschenleben im Jahre 1965 zum Opfer gefallen war, ein weiteres Opfer gefordert hätte.

Ob aus der historischen Distanz von weiteren vierzig Jahren Hainburg als Beginn einer neuen Zeitrechnung erscheinen wird, ist zu bezweifeln. Auch ob es aus diesen und anderen Anlässen zur Ausrufung einer »Dritten Republik« kommen sollte, ist in alten und neuen politischen Lagern noch umstritten. Doch Anlaß zu der Frage, ob Österreich bei der politischen Bewältigung seiner Vergangenheit und seiner Zukunft auf dem richtigen Wege sei, bestand rund um das 40-Jahre-Jubiläum der Zweiten Republik dennoch in reichlichem Maße. Ob Österreich weiter so regiert werden soll wie bisher und ob das laut Verfassung vom Volk ausgehende Recht der Republik nicht stärker vom Volk ausgeübt werden sollte, wurde 1985 deutlicher als in früheren Jahren zur Diskussion gestellt.

Drei Jahrzehnte nach der Rheinau-Initiative der Schweiz wirkte dabei im Land am Donaustrome auch die benachbarte Alpenrepublik inspirierend, an deren Neutralität sich Österreich bereits ein Beispiel genommen hatte. Die Frage, wie der Volkssouverän die Herrschaft über sich selbst ausüben oder ausüben lassen soll, ist zwar in Österreich durch die Verfassung des Jahres 1920 und die Verfassungsreform des Jahres 1929 auch schon für die Zweite Republik beantwortet worden. Aber das Wort des Konservativen Edmund Burke aus dem 18. Jahrhundert – »Ein Staat, dem es an allen Mitteln zu seiner Veränderung fehlt, entbehrt die Mittel zu seiner Erhaltung« – sollte die für die Zweite Republik in ihrem fünften Jahrzehnt Verantwortlichen doch nachdenklich stimmen. Ob die für Österreich typische Mischung von Elementen der präsidialen, repräsentativen und plebiszitären Demokratie in ihrer heutigen Verfassungswirklichkeit ausreicht, um die Probleme von morgen zu lösen, ist ernsthaft und nüchtern zu prüfen. Das heißt freilich auch, daß man sich dabei weder von emotionell hochgeputschten aktuellen Ereignissen berauschen noch von parteipolitisch einseitigen Vorteilskalkülen blenden lassen darf. Die »Bausteine« aus dem »Baukasten« der westlichen Demokratien lassen zweifellos die Konstruktion verschiedenartiger »Modelle« zu, aber sie richtig zusammenzusetzen und daraus ein neues und zukunftsstabiles »Gebäude« zu machen, ist alles andere als eine Spielerei.

Die Zweite Republik unterscheidet sich von der Ersten Republik unter anderem auch durch die Praktizierung der schon 1929 vorgesehenen Volkswahl des Bundespräsidenten, des Volksbegehrens und der Volksabstimmung. Durch die

Volkswahl des Bundespräsidenten ist die österreichische Demokratie präsidialer als die der Bundesrepublik; der nach der österreichischen Verfassung zulässige und bisher erfolgte Einsatz der Instrumente der direkten Demokratie hält aber keinem Vergleich mit der Referendumsdemokratie der Schweiz stand. Das repräsentative Element der österreichischen Demokratie beruht auf einem Proporzwahlrecht, das mit jenem der Schweiz vergleichbar, aber weniger persönlich ist als jenes der Bundesrepublik oder Italiens. Der in Österreich aus den Wahlen hervorgehende Nationalrat ist zwar eine parteipolitisch spiegelbildliche Volksvertretung, ist aber in seiner Mehrheit eine mit der Regierung eng verbundene und keine von der Regierung zur Gänze getrennte Gewalt. Kontrolliert wurde die österreichische Regierung in der Zeit der großen Koalition nur von kleinen Oppositionsparteien und durch die wechselseitige »Bereichsopposition« der Regierungsparteien. Seit 1966 näherte sich das österreichische Modell insofern dem britischen, als seither ununterbrochen nur eine der beiden großen Parteien regierte und die jeweils andere opponierte, freilich ohne daß ein Mehrheitswahlrecht wie in Großbritannien schon relativ kleine Schwankungen der Wählergunst in neue Mehrheitsverhältnisse übersetzte.

Stellt man die Frage, was der österreichische Wähler eigentlich zu entscheiden hat, so ist darauf, was die Bundespolitik betrifft, zu antworten: Er kann alle sechs Jahre eine Auswahl zwischen zwei, in der Regel von den Großparteien kandidierten Persönlichkeiten für das Amt des Bundespräsidenten treffen. Dieser Entscheidung ist nicht nur deshalb Gewicht beizumessen, weil der Bundespräsident das Staatsganze nach innen und außen repräsentiert. Der Bundespräsident kann auch, wenn bei Nationalratswahlen keine Partei eine absolute Mehrheit erreicht, unter Beachtung der parlamentarischen Mehrheitsverhältnisse auf die Zusammensetzung der Regierung Einfluß nehmen. Nach der Verfassungswirklichkeit kann der österreichische Wähler, wenn auch nur mit hoher Wahrscheinlichkeit, bei den zu »Kanzlerplebisziten« gewordenen Nationalratswahlen entweder den amtierenden Bundeskanzler »bestätigen« oder dem »Kanzlerkandidaten« einer großen Oppositionspartei durch die relative Mehrheit mit dem moralischen Recht zur Regierungsbildung ausstatten.

Obwohl der Nationalrat auch »Volksvertretung« genannt wird, ist jedoch der Einfluß der Wähler auf die Person der Abgeordneten ungeachtet der Möglichkeit der Vorzugsstimmen ein geringer. Seit der Wahlrechtsnovelle des Jahres 1970 gibt es nur neun, mit den Bundesländern identische Wahlkreise mit bis zu 42 Abgeordneten. Maßgebend für die Kandidatenaufstellung bleiben die Parteilisten, auf denen – von einzelnen Vorwahlexperimenten abgesehen – die Reihung durch die zuständigen Parteigremien erfolgt. Unmittelbaren Einfluß auf die Gesetzgebung kann der österreichische Wähler nur mit Duldung der Mehrheit nehmen. Er kann wohl dem Wunsch nach einem bestimmten Gesetz in Form eines Volksbegehrens Nachdruck verleihen. Jeder solche von 10 000 Stimmberechtigten gestellte und von 100 000 Stimmberechtigten unterstützte Antrag muß vom Nationalrat behandelt werden. Damit kann aber bestenfalls moralischer Druck, nicht aber ein Zwang auf die Mehrheit der gesetzgebenden Körperschaft ausgeübt werden. Nur im Bundesland Salzburg kann seit 1985 ein Volksbegehren auch zur Abhaltung einer Volksabstimmung verpflichten. Schließlich kann der österreichische Wähler noch, sofern die Mehrheit des Nationalrates ein Gesetz einer Volksabstimmung unterziehen läßt, mit seinem Ja oder Nein für oder gegen dieses Gesetz stimmen, wobei dann die Mehrheit der gültig abgegebenen Stimmen für den Gesetzgeber verbindlich ist.

Daraus ergibt sich, daß der österreichische Wähler auf die Politik der über die Rückendeckung einer parlamentarischen

Mehrheit verfügenden Regierung innerhalb der vierjährigen Gesetzgebungsperiode keinen nennenswerten Einfluß auszuüben vermag, es sei denn, das »Barometer« von Regionalwahlen oder Volksbegehren »zeigt auf Sturm«. Der Einwand, daß ja eine demokratische Regierung ohnehin dem Wählerwillen entspreche, ist insofern nicht stichhaltig, als der österreichische Wähler sein Abstimmungsverhalten bei Nationalratswahlen nicht so zu dosieren vermag, daß eine von ihm gewünschte Regierung tatsächlich ans Ruder kommt.

Mit gewohnheitsrechtlicher Sicherheit kann er nur annehmen, daß der Bundespräsident einen Repräsentanten der jeweils stärksten Partei mit der Regierungsbildung betrauen wird. Daraus kann jedoch so wie bis 1963 eine Regierung der großen Koalition, so wie 1966 und 1971 eine Einparteienregierung mit absoluter parlamentarischer Mehrheit oder so wie 1983 eine Regierung der kleinen Koalition entstehen – aber auch so wie 1945 eine Regierung aller im Parlament vertretenen Parteien oder wie 1970 eine von der parlamentarischen Mehrheit geduldete Minderheitsregierung. Wie groß dabei die »Manipulations«-Möglichkeiten sind, zeigte sich zwischen 1970 und 1971, als unter einem sozialistischen Bundespräsidenten eine sozialistische Minderheitsregierung mit einer die Freiheitliche Partei begünstigenden Wahlrechtsänderung schon nach eineinhalb Jahren das »Sprungbrett« vorzeitiger Wahlen zur Erringung der absoluten Mehrheit nutzen konnte. Ebenso besteht in Österreich so wie 1969 in der Bundesrepublik die Möglichkeit, daß sich die zweitstärkste Partei mit einer zur Mehrheitsbeschaffung geeigneten kleineren Partei verbündet und die stärkste Partei zur Oppositionsrolle verurteilt, nur daß in Österreich noch das Intermezzo eines zum Scheitern verurteilten Regierungsbildungsversuches durch die stärkste Partei zu absolvieren wäre.

Die laut Verfassung berechtigte Frage, welches Recht eigentlich vom Volke ausgeht, ist also auf die parlamentarische

Mehrheitslegitimation verschiedenartiger Regierungsformen einzuschränken. Die den Wähler bewegende Frage, wie er in den nächsten vier Jahren regiert werden wird, kann vom Wähler selbst bestenfalls tendenziell beantwortet werden. Stattet er eine der großen Parteien mit besonders großem Vertrauen aus, so nimmt die Wahrscheinlichkeit zu, daß er allein von einer dieser Parteien regiert werden wird. Stattet er hingegen kleine oder neue Parteien mit größerem Vertrauen aus, so nimmt die Zahl der möglichen Regierungskombinationen zu. Wenn auch die Optik der als »Kanzlerplebiszit« abgehaltenen Nationalratswahlen dafür spricht, daß die Österreicher nach dieser Wahl von einer ganz bestimmten Person mit einem vorher verkündeten Programm regiert werden, so kann dagegen doch eine ganze Reihe von Argumenten ins Treffen geführt werden.

Erstens kann ein amtierender Kanzler die Einlösung seines Versprechens, im Amt zu bleiben, so wie Kreisky 1983 an die Voraussetzung der Erringung der absoluten Mehrheit binden, wie das übrigens auch Klaus 1970 getan hat.

Zweitens kann die Bildung einer Mehrparteienregierung zu einem nicht vorhersehbaren Mischungsverhältnis zwischen den Vorstellungen dieser Parteien im Regierungsprogramm führen.

Und drittens stellt die Regierungserklärung kein von den Wählern einklagbares Programm dar. Schon auf Grund ihrer oft verschwommenen Form eignet sie sich dafür nicht. Aber selbst dort, wo sie konkret ist, bleibt es der Regierung unbenommen, auch feierlich verkündete Programmpunkte von der politischen Tagesordnung abzusetzen oder vorher nie verkündete Programmpunkte zu verwirklichen, solange ihr ihre parlamentarische Mehrheit auf diesem Wege folgt.

Der Staat wird in den Augen der Österreicher vorrangig durch die Regierung und diese wieder durch den Bundeskanzler repräsentiert. Daß dem Bundeskanzler durch ein

»Kanzlerplebiszit« eine auch ihn besonders verpflichtende Form der Legitimation zuteil wird, soll nicht bestritten werden. Auf Grund der österreichischen Verfassung ist der Bundeskanzler jedoch kein mit einer Richtlinienkompetenz wie in der Bundesrepublik ausgestatteter Regierungschef. Das Prinzip der Ministerverantwortlichkeit, das nur einstimmige Ministerratsabschlüsse ermöglicht, macht zwar dem Bundeskanzler die Koordination zur Aufgabe; inwieweit er sie erfüllen kann, hängt aber von anderen Faktoren ab.

Die größte Autorität besitzt ein Bundeskanzler, der als Obmann seiner Partei die absolute Mehrheit errungen und eine Einparteienregierung gebildet hat und überdies die öffentliche Meinung für seine politischen Ziele zu mobilisieren versteht. Als Repräsentant einer Partei, die nur die relative Mehrheit erringen konnte und eine Koalitionsregierung bilden mußte, bleibt als Quelle seiner Autorität im wesentlichen nur die Zustimmung übrig, die er durch die Dynamik seiner Zielvorgaben und deren geschickte Darstellung in der Öffentlichkeit zu wecken vermag. Das Paradoxon eines österreichischen Bundeskanzlers besteht darin, daß er, um die »personalplebiszitäre Legitimation« durch die Nationalratswahlen nicht zu verspielen, einen um so größeren persönlichen Einsatz wagen muß, je geringer sein Wahlerfolg war und je weniger Anteil an der Regierungsmacht seine eigene Partei besitzt.

Die Geschichte der österreichischen Bundeskanzler zeigt, daß diese als Träger der politischen Hauptverantwortung sehr oft überfordert wurden, weil sie innerhalb der ihnen gesetzten Frist nicht zugleich eine sach- und machtgerechte Politik betreiben konnten. Selbst der Ausnahmefall Kreisky, der zwölf Jahre lang auf Grund absoluter Mehrheiten allein zu regieren und seine Politik zum »österreichischen Weg« zu stilisieren vermochte, zeigte die Grenzen dieser Konstruktion. Die absolute Mehrheit einer Einparteienregierung vermochte keineswegs »alle instrumentellen und institutionellen Schwächen« der Position des Bundeskanzlers zu überspielen, ganz abgesehen von den Konflikten, die auch innerhalb einer Einparteienregierung möglich sind.

Als Kreisky 1978 durch die Volksabstimmung über das Kernkraftwerk Zwentendorf seine »personalplebiszitäre Legitimation« an die Wähler abtrat, ging sein Konzept nur scheinbar auf. Er konnte zwar ein Jahr später noch einmal die absolute Mehrheit erringen und nach deren Verlust im Jahre 1983 die Weichen für eine kleine Koalition unter dem von ihm ausersehenen Nachfolger Sinowatz stellen, doch gerade am Beispiel Zwentendorf sollte sich zeigen, daß die von Kreisky personifizierte »Kanzlerdemokratie« mit dem Volk als »plebiszitären Lückenbüßer« für heikle Regierungsentscheidungen keine ideale Lösung darstellte.

Das Schlagwort »Demokratisierung« brachte noch keine Demokratiereform zustande. Echte Wahlrechtsreformvorschläge, wie sie von beiden großen Parteien noch in den sechziger Jahren gemacht worden waren, wurden »schubladisiert«. Die Kontrollrechte der parlamentarischen Minderheit wurden nur zaghaft erweitert. So wurde einem Drittel der Abgeordneten das Recht eingeräumt, die Überprüfung der Verfassungsmäßigkeit von Gesetzen durch den Verfassungsgerichtshof zu verlangen und dem Rechnungshof Prüfungsaufträge zu erteilen. Die dem Rechtsschutz des einzelnen Bürgers dienende Ombudsman-Idee wurde durch die Volksanwaltschaft in Form einer Drei-Parteien-Vertretung realisiert. In der Regierung selbst aber blieb –, sieht man von der Schaffung neuer Ministerien für Bauten, Wissenschaft und Forschung, Gesundheit und Umweltschutz und Familien ab – alles beim alten.

Für dieses wichtigste Organ gibt es in der Verfassung die wenigsten Regelungen. Weder besitzt die österreichische Bundesregierung eine Geschäftsordnung, noch verfügt das

Bundeskanzleramt über eine Koordinierungs- und Planungssektion. Die der Regierung durch die Verfassung auferlegte Verpflichtung, alljährlich durch das Bundesfinanzgesetz ihre Politik in einer »in Zahlen gegossenen« Form zu koordinieren und präzisieren, ist in der Praxis ein »immer weiter zu schnallender Gürtel«, weil dem Ausmaß der Steuererhöhungen und der Staatsverschuldung keine Grenzen gesetzt sind.

Die Vor- und Nachteile verschiedener Regierungsformen sind seit den sechziger Jahren noch vor jeder Nationalratswahl diskutiert worden, jedoch immer mit der Absicht, auf diese Weise die Beteiligung oder Nichtbeteiligung einer großen Partei an der Regierung zu begründen. Erst um das 40-Jahre-Jubiläum der Zweiten Republik herum wurden in diese Diskussion, bei der es bisher nur um die Wiederbelebung der großen Koalition oder um den Vorschlag einer Konzentrations- oder Allparteienregierung ging, alle Elemente der präsidialen, repräsentativen und plebiszitären Demokratie einbezogen: eine weitere Stärkung der Position des Bundespräsidenten und die Direktwahl des Bundeskanzlers, die Einführung eines persönlicheren Proporz- oder eines reinen Mehrheitswahlrechtes, die Verlängerung der Gesetzgebungsperiode, die Installierung einer Proporzregierung, die Verpflichtung, über Volksbegehren ab einer bestimmten Zahl von Unterstützungserklärungen eine Volksabstimmung abzuhalten und ganz allgemein eine Annäherung an das Schweizer Modell gehörten zu den Vorschlägen, die in diesem Zusammenhang gemacht wurden.

Die Schwäche einer Regierung, die über keinen breiten Rückhalt in der Bevölkerung verfügt und entweder mit Rücksicht auf demnächst bevorstehende Wahlen notwendige Reformen unterläßt oder bei Großprojekten unter Mißachtung von Volksbegehren auch künftige Regierungen präjudizierende Entscheidungen trifft, waren dabei das Hauptmotiv. Doch obwohl Österreich als Konkordanzdemokratie bezeichnet wird, darf nicht aus dem Auge verloren werden, daß grundlegende Veränderungen, ob sie nun auf freiwilliger Basis oder durch eine Verfassungsreform erfolgen sollen, nur mit Zustimmung der beiden großen Parteien möglich sind. Eine grundlegende Übereinstimmung, wie sie im Dreieinhalb-Parteiensystem der Schweiz nicht nur über die Freiheitsrechte der Bürger, den föderalistischen Aufbau, die Neutralität und den sozialen Ausgleich, sondern auch über die Volksrechte, die Verteidigung des Staates, die soziale Marktwirtschaft und die Erhaltung der Umwelt besteht, muß in Österreich erst noch erzielt werden.

Wenn im Gegensatz zur österreichischen politischen Kultur der Konfliktvermeidung in jüngster Zeit Konflikte durch Demonstrationen und Besetzungen häufiger »im Freien« ausgetragen werden, kann sich der Abhilfe suchende Blick nicht nur nach oben zum Staatsoberhaupt und nach unten zum Volk richten; er muß vielmehr alle durch die Verfassung »unter Dach« gebrachten institutionalisierten Formen der Konfliktaustragung erfassen. Ziel kann dabei nicht die Konfliktvermeidung, sondern nur die Verbesserung der Spielregeln der friedlichen und offenen Konfliktaustragung sein. Das mündet in die Frage, auf welchen Ebenen und innerhalb welcher Grenzen das Mehrheitsprinzip gelten soll. Dabei muß im Auge behalten werden, daß sich nicht alle politischen Entscheidungen auf ein »Ja« oder »Nein«, auf ein »Machen« oder »Nichtmachen« reduzieren lassen, noch dazu, wo solche Entscheidungen dazu prädestiniert sind, von knappen und rasch wechselnden Mehrheiten getroffen zu werden.

Der Grundgedanke, eine Stärkung der Regierung durch eine Stärkung der Volksrechte auszubalancieren, ist zweifellos richtig, doch seine Verwirklichung ist nicht durch den »Import« der politischen Kultur der Schweiz möglich, ganz abgesehen davon, daß es in der Schweiz weder einen vom Volk gewählten Bundespräsidenten noch eine in der Verfassung verankerte Proporzregierung gibt. Wichtiger als eine »Denkpause« über ein einzelnes Kraftwerkprojekt wäre deshalb eine Nachdenkphase, in der die Rollenverteilung auf der politischen Bühne Österreichs grundsätzlich überdacht und schließlich so zweifelsfrei geregelt wird, daß sie nicht anläßlich jeder neuen Krise nach Art eines Stegreiftheaters improvisiert werden muß.

Wenig aktuell erscheint eine Änderung der verfassungsrechtlichen Stellung des Bundespräsidenten angesichts der 1986 bevorstehenden Volkswahl eines neuen Staatsoberhauptes für die Dauer von sechs Jahren. Ein Konsens über eine solche Änderung, der ja nicht nur die beiden großen Parteien zustimmen müßten, sondern die auch die beiden aussichtsreichsten Kandidaten in ihre Amtsauffassung mit einbeziehen müßten, ist vor der Wahl praktisch unmöglich. Aber auch den eben gewählten Bundespräsidenten für den überwiegenden Teil seiner Amtszeit mit zusätzlichen Kompetenzen auszustatten, wäre eine umstrittene Vorgangsweise. Die über eine Gesetzgebungsperiode hinausreichende Legitimierung durch die Volkswahl verleiht dem Bundespräsidenten ohnehin mehr Autorität, als aus der geschriebenen Verfassung herauszulesen ist. Schon auf Grund der geltenden Verfassung und im Rahmen der traditionell behutsamen Amtsführung kann der Bundespräsident, wenn er es nur will, starken politischen Einfluß ausüben. Dieser besteht nicht nur in seiner Rolle als Regierungsbilder bei der Möglichkeit verschiedener Parteienkombinationen oder in dem bisher nie wahrgenommenen Recht, den Bundeskanzler oder die gesamte Regierung zu entlassen. Nichts hindert z. B. den Bundespräsidenten, schon anläßlich seiner Vereidigung durch die Bundesversammlung, bei seinen traditionellen Neujahrsansprachen und aus besonderen, wenn auch sparsam wahrgenommenen, Anlässen den Bürgern des Landes zu sagen, was wesentlich ist, was auf sie zukommt und was nottut.

Ohne seine deutlich über dem Niveau der Tagespolitik liegenden Erklärungen als »Botschaften an die Nation« oder gar als »Ersatzregierungserklärungen« zu stilisieren, könnte er doch deutlich machen, wo Verhaltensänderungen oder Problemlösungen vordringlich sind, und damit rein atmosphärisch auf die politisch Handelnden einen »Zugzwang« ausüben. In dieser Rolle eines »Bewußtmachers der Nation« liegen noch unausgeschöpfte Möglichkeiten, wenn man an die mit geringeren Kompetenzen ausgestatteten deutschen Bundespräsidenten oder die durch mehr Regierungsbildungen belasteten italienischen Staatspräsidenten denkt. Notfalls könnte der Bundespräsident auch durch eine Reduzierung rein repräsentativer Verpflichtungen noch mehr Zeit für Gespräche mit allen politisch Verantwortlichen und Sachkundigen finden. Ebenso bliebe es ihm unbenommen, sich ein nicht institutionalisiertes Konsultativorgan zu seiner Beratung zu schaffen, um Einblick in Trends der zukünftigen Entwicklung und unkonventionelle politische Ideen zu gewinnen. Damit würde der Bundespräsident keine grundsätzlich neue Rolle übernehmen und doch der Rollenerwartung entsprechen, die sich aus einer oft nur parteipolitisch einseitigen, oberflächlichen oder modisch verzerrten Diskussion öffentlicher Angelegenheiten ergibt.

Wieder aufzunehmen wäre die Diskussion über eine Wahlrechtsreform. Ein Mehrheitswahlrecht würde Einparteienregierungen, wie sie auch nach der Wahlrechtsnovelle des Jahres 1970 möglich waren, zur Regel machen. Es würde aber auch den Trend zum Zweiparteiensystem verstärken. Dem Vorteil eines leichteren Machtwechsels stünde der Nachteil gegenüber, daß viele über vier Jahre hinaus wirkende Regierungsmaßnahmen gar nicht rückgängig zu machen sind, daß kleine Parteien oder neue politische Bewegungen in die Rolle einer außerparlamentarischen Opposition gedrängt würden und daß durch die eindeutige Wählerlegitimation solcher

Einparteienregierungen die direkte Demokratie entweder überflüssig erscheinen oder den Charakter von Mißtrauensvoten gegen die Regierung annehmen könnte. Bleibt man beim bisher geltenden Verhältniswahlrecht, so bieten sich vor allem zwei Modifizierungen an: eine Verpersönlichung etwa nach dem Vorzugsstimmensystem Südtirols oder dem bundesdeutschen Zweitstimmenverfahren sowie die Rückgängigmachung der Entpersönlichung durch eine Aufstockung der derzeit neun Wahlkreise auf 24 oder 100. Da hier Vorschläge beider großer Parteien vorliegen, müßte, wenn dies nicht nur Alibihandlungen bleiben sollen, ein konstruktives Gespräch über das Thema Wahlrechtsreform möglich sein.

Das aus einem solchen Wahlrecht hervorgehende Parlament würde allein schon durch die stärkere Bindung der Abgeordneten an ihre Wähler und Wahlkreise gegenüber jeder Art von Regierung aufgewertet werden. Davon abgesehen aber sind die Fragen der Aufwertung des Parlaments, einer leistungsfähigeren Regierungsform und einer Verstärkung der direkten Demokratie nicht getrennt voneinander zu behandeln. Dem nach dem Verhältniswahlrecht zusammengesetzten Nationalrat würde eine nach dem Stärkeverhältnis der im Nationalrat vertretenen Parteien zusammengefügte Regierung entsprechen, wie dies die Landesverfassungen in sieben österreichischen Bundesländern vorsehen und wie dies in der Schweiz durch die dort seit 1959 freiwillig angewendete »Zauberformel« für die Zusammensetzung des Bundesrates aus den Vertretern der vier größeren Parteien bewirkt wird.

Unter dem wenig glücklichen Namen »Konzentrationsregierung« ist diese Regierungsform in Österreich von Landeshauptleuten der ÖVP, aber auch von dem namhaften sozialistischen Gewerkschaftspublizisten Klenner wiederholt als die zweckmäßigste bezeichnet worden. Als »Allparteienregierung« würde sie über die denkbar breiteste Vertrauensbasis unter der Wählerschaft verfügen, müßte aber auch neue

Parteien bei entsprechender Stärke in die Regierungsverantwortung einbeziehen. Aufgrund der geltenden Verfassung und ihrer Interpretation aber wäre weder die Arbeitsfähigkeit einer solchen Regierung gewährleistet, noch könnte der Nationalrat bei bloßer Erweiterung bisheriger Koalitionspraktiken die erforderliche Kontrollfunktion ausüben.

Als Auswege bieten sich die freie Mehrheitsbildung innerhalb der Regierung und des Nationalrates und die verstärkte Inanspruchnahme von Instrumenten der direkten Demokratie an. Doch darf dabei nicht vergessen werden, daß die Bundesregierung unter einem ungleich stärkeren Problemdruck steht als die Landesregierungen. Schon die in der letzten Phase der großen Koalition angestellten Überlegungen über einen koalitionsfreien Raum zeigten, daß es nicht einfach ist, hier eine Lösung zu finden. Der Abschied von dem aus der Ministerverantwortlichkeit abgeleiteten Einstimmigkeitsprinzip in dem in der Verfassung gar nicht erwähnten Ministerrat sollte nicht schwerfallen. Hat sich doch schon bisher der Begriff der Ministerverantwortlichkeit bei Gewissensentscheidungen, bei divergierenden Auffassungen von Regierungsmitgliedern und selbst bei offenkundigen Skandalen als nicht übermäßig ausgeprägt erwiesen. Die Regierung müßte sich die ohnehin längst fällige Geschäftsordnung geben und darin festlegen, wann und unter welchen Voraussetzungen von diesem Einstimmigkeitsprinzip abgegangen werden kann.

Heikel ist in diesem Zusammenhang die Hochrechnung der Einnahmen- und Ausgabenpolitik der Regierung durch die Budgetpolitik, da vermieden werden müßte, daß eine kleinere Regierungspartei als Zünglein an der Waage einmal zu Mehrheitsentscheidungen zugunsten von Mehrausgaben und dann wieder zu Mehrheitsentscheidungen zugunsten von Einnahmenverzichten beiträgt. Auf der anderen Seite sollte aber auch vermieden werden, daß durch eine Überstrapazierung des Einstimmigkeitsprinzips die Regierung durch ein einziges Mitglied blockiert werden kann oder daß der bloße Nachvollzug von einstimmig beschlossenen Regierungsvorlagen durch ebenso einstimmige Nationalratsbeschlüsse zur Regel wird. Auf jeden Fall würde sich bei einer Allparteienregierung die Notwendigkeit einer neuen Form der Regierungserklärung ergeben, die zwar im Umfang bescheidener, in der Präzisierung beabsichtigter Maßnahmen und Vorgangsweisen hingegen einklagbarer sein müßte als die bisher üblichen Regierungserklärungen. Der Nationalrat müßte auch unabhängig von der »Bereichsopposition« jeder in der Regierung vertretenen Partei gegen die anderen Regierungsparteien stärker seine Kontrollfunktion gegenüber der Regierung wahrnehmen. Die Kontrollrechte für qualifizierte Minderheiten müßten ausgebaut werden. Jeder Parlamentspartei sollte das Recht zustehen, einen Untersuchungsausschuß unter dem Vorsitz einer Partei, die nicht den betroffenen Ressortminister stellt, zu verlangen. Der Rechnungshofpräsident dürfte nicht der führenden Regierungspartei angehören und Beanstandungen des Rechnungshofes müßten Berichte über die Beseitigung von Mißständen und die daraus gezogenen Konsequenzen zur Folge haben.

Die Mitwirkung der stimmberechtigten Bürger an der Gesetzgebung sollte verstärkt, gleichzeitig aber auch systematischer gestaltet werden, so daß der Bürger von vornherein weiß, unter welchen Voraussetzungen er zu einer Entscheidung beitragen oder aufgerufen werden kann. Das ist bisher nur in unzulänglicher Weise der Fall, weil Volksabstimmungen und die Berücksichtigung von Volksbegehren vom Willen der Mehrheit abhängen. Von direkter Demokratie im vollen Sinn des Wortes aber kann noch nicht die Rede sein, wenn Volksbegehren nur mit Hilfe von Großorganisationen eine eindrucksvolle Unterstützung erreichen können und wenn Volksabstimmungen nur ausnahmsweise und womöglich nur deshalb abgehalten werden, um der regierenden Mehrheit aus einer Verlegenheit zu helfen.

Jede Annäherung an das Schweizer Modell setzt auch eine Veränderung der politischen Kultur voraus, die zum Einüben eigenverantwortlicher Entscheidungen in vorerst leichter überschaubaren Bereichen befähigt. Partizipation muß mehr sein als ein nur in neuer Form von Funktionären gesteuerter Prozeß. Plebiszite ohne den Unterbau einer lokal und regional geübten Praxis, die die Folgen getroffener Entscheidungen erleben läßt, können, wenn zu ihnen nur in Sonderfällen und gerade bei den kompliziertesten Materien aufgerufen wird, auch zum Spielball in der Hand von Rattenfängern werden. Hand in Hand mit dem Ausbau der direkten Demokratie müßte deshalb eine Neustrukturierung des gesamten politischen Entscheidungsprozesses gehen. Dazu gehört die Einsicht, daß der hohe Grad an Machtkonzentration in einer Allparteienregierung nicht noch durch eine Erweiterung des Umfangs der Regierungstätigkeit verstärkt werden darf, sondern im Gegenteil eine Zurückdelegierung von Aufgaben an die Bürger und die kleineren Gemeinschaften erfordert. Es wäre paradox, von Bürgern, die nur noch bei der Anschaffung kostspieliger Güter oder bei der Planung ihrer Urlaube autonome Entscheidungen treffen, ihre Daseinsvorsorge aber zur Gänze dem Staat überlassen, eine verstärkte Verantwortung für die res publica zu erwarten.

Der Dezentralisierung und dem Ausbau autonomer Entscheidungsbereiche kommt deshalb ebenso große Bedeutung zu wie der inneren Demokratisierung von Parteien und anderen Großorganisationen. Hauptaufgabe der Regierung wäre es, Staatspolitik zu betreiben und sich nicht damit zu begnügen, »Transmissionsriemen« der am stärksten organisierten Interessen zu sein. Erst vor diesem Hintergrund erscheint es sinnvoll, zu überlegen, ab welcher Zahl von Unterstützungserklärungen Volksbegehren zwingend einer Volksabstimmung unterworfen werden sollen, vor welchen wichtigen Entscheidungen die Regierung durch fakultative Volksbefragungen die Meinung der Bürger einholen soll oder welcher Zahl von Bürgern das Recht eingeräumt werden soll, über ein bereits beschlossenes Gesetz eine Volksabstimmung zu verlangen.

Die Frage, ob und in welcher Form die österreichische Verfassung einer grundlegenden Änderung unterzogen werden soll, kann jedenfalls nicht allein aus der Perspektive einer Partei beantwortet werden. Ein Wort wie das von der »Dritten Republik«, das zwar die Phantasie anzuregen, aber auch Befürchtungen auszulösen vermag, kann schon deshalb nicht zum Schlüsselwort werden, weil sich das Tor zu einer neuen Verfassung nur in der Zweiten Republik und mit einer parlamentarischen Zweidrittelmehrheit öffnen ließe. Die Zweite Republik unterschied sich in ihrer Entstehungsphase von der Ersten Republik ja auch nicht durch ihre geschriebene Verfassung, sondern durch eine neue innere Verfassung der politisch Hauptverantwortlichen. Nur aus den neu gewonnenen Einsichten in beiden großen politischen Lagern und einer daraus entspringenden Konsensfähigkeit entstand die neue Wirklichkeit der Zweiten Republik. Sollte sich in diesen großen Parteien nach vierzig Jahren der Zweiten Republik die Einsicht verstärken, daß es nicht nur die nächsten Wahlen zu gewinnen gilt, sondern die Zukunft der Republik durch eine von der überwältigenden Mehrheit der Bevölkerung mitgetragene »bessere Verfassung« dieses Staates, dann stünden diesem Ziel keine unüberwindlichen und vergleichsweise geringeren Hindernisse als 1945 in einem vom Krieg zerstörten und vierfach besetzten Land entgegen. Voraussetzung wäre die Bildung einer Kooperationsregierung auf möglichst breiter Basis, die sich insofern als »provisorische« Regierung versteht, als sie sich zum Ziel einer Verfassungsreform bekennt, die das Fundament zu einer neuen und dauerhaften

Form des Regierens und der Mitbestimmung der Bevölkerung in Österreich legt. Dieses Ziel mag utopisch erscheinen – wie auch am Beginn der Zweiten Republik der Wiederaufbau, die Lebensfähigkeit, die demokratische Ordnung und die Freiheit dieses Staates als utopisch erscheinen konnten. Die Frage ist nur, welche anderen und besseren Alternativen es angesichts der unverkennbaren Erosionserscheinungen des herrschenden politischen Systems gibt. Weder ein Zurück zur alten, starren Form der großen Koalition erscheint als vielversprechend noch die Fortsetzung jener Improvisations-»Kunst« des politisch Möglichen, bei der die Wähler erst nach einer Wahl erfahren, von wem sie regiert werden, und auch dann nur bei einer den Regierenden passenden Gelegenheit, aus welchem Anlaß sie zur Mitbestimmung herangezogen werden.

9. KAPITEL

Eine Politik des Überlebens auf finanzielle und ökologische Kosten der Zukunft

»Ich kann euch zu Weihnachten nichts geben. Ich kann euch für den Christbaum, wenn ihr überhaupt einen habt, keine Kerzen geben, kein Stück Brot, keine Kohle zum Heizen, kein Glas zum Einschneiden. Wir haben nichts.« Das Land, dessen Regierungschef im Jahre 1945 diese Weihnachtsansprache hielt, hat heute ganz andere Sorgen. Sie lassen sich nicht in so wenigen Sätzen zusammenfassen.

Die Behauptung, die Bürger dieses Landes hätten nichts, kann 1985 nicht wiederholt werden. Dennoch erwarten sie, und das nicht nur zu Weihnachten, daß ihnen etwas gegeben wird. Dabei biegen sich manche Tische schon. Es gibt mehr Getreide- und Milchprodukte als alle zusammen verbrauchen können. Die Lebensmittelgeschäfte sind voll mit ausländischen Spezialitäten, und wenn der Absatz von Weihnachtsbäumen zurückgeht, so nur deshalb, weil viele die Feiertage in Wintersportorten oder gar am Meer verbringen. Andere aber müssen auch zu Weihnachten sparen, weil die Arbeitslosenunterstützung, die Mindestrente oder das Einkommen des Alleinverdieners mit vielen Kindern nicht ausreicht.

Knapp bei Kasse ist übrigens auch der Staat, obwohl er ständig höhere Steuern kassiert. Denn als Gemeinwesen haben die Bürger dieses Landes über ihre Verhältnisse gelebt. Obwohl es ihnen lange Zeit Jahr für Jahr besser ging, haben sie begonnen, auch noch auf Kosten der Zukunft zu leben. Geld, das sie nicht hatten, aber haben wollten, hat sich der Staat ausgeborgt. Und spät, vielleicht zu spät entdeckten sie, daß sie auch noch bei der Natur Schulden gemacht hatten. So könnte eines Tages eine Weihnachtsansprache erneut die Frage aufwerfen, ob wir überhaupt einen Christbaum haben; aber auch die Frage, ob Kinder, die heute mit Spielzeug überhäuft werden, als Erwachsene von morgen den Erwachsenen von heute nicht daraus einen Vorwurf machen könnten, daß sie ihnen nicht andere »Geschenke« hinterlassen haben: die Luft, die sie zum Atmen, das Wasser, das sie zum Trinken, und die Stille, die sie zum Feiern brauchen.

Mit diesen Betrachtungen über die Weihnachtsansprache, die Bundeskanzler Figl im Jahre 1945 hielt, soll nicht der Eindruck erweckt werden, Österreich sei in den vier Jahrzehnten der Zweiten Republik eine »Tretmühle« sinnloser Anstrengungen gewesen, die mit der Verbesserung zugleich zur Verschlechterung von Lebensbedingungen beigetragen hat. Die Not der Nachkriegsjahre soll nur den Kontrast bieten, der Erreichtes und Versäumtes plastischer erscheinen läßt. Hätte diese Not länger als ein paar Jahre gedauert, so wäre die von Figl zum Schluß ausgesprochene Bitte, an dieses Österreich zu glauben, nie erfüllbar gewesen. Es war nicht falsch, in der Zeit des Hungers an das tägliche Brot, in einem weithin zerstörten Land an den Wiederaufbau, angesichts des wertlos gewordenen Geldes an die Stabilisierung der Währung und nach dem Versiegen der Auslandshilfe an die Belebung der eigenen Wirtschaft zu denken.

Österreichs Sozialprodukt entsprach 1945 nur etwa einem Drittel des Sozialproduktes des Jahres 1937. Grenzen des Wachstums waren in den ersten Jahrzehnten der Zweiten Republik nicht zu sehen. Es erschien als unvertretbar, dort haltzumachen, wo die krisengeschüttelte Erste Republik geendet hatte, und es erschien als völlig unbedenklich, den

Wohlstand anzustreben, den die von Natur aus weniger gesegnete Schweiz erreicht hatte. Weder explodierte Österreichs Bevölkerung noch konnte man behaupten, daß sie im Überfluß lebe. Im Vergleich zu seinen westlichen Nachbarn, der Bundesrepublik Deutschland und der Schweiz, aber auch im Vergleich zu den kleinen Staaten Skandinaviens und Benelux' hatte Österreich immer noch etwas aufzuholen. Im Rückblick auf die Weltwirtschaftskrise der dreißiger Jahre, den Zweiten Weltkrieg und die zehnjährige Besetzung ihres Landes besaßen die Österreicher eine Vergangenheit, die sie berechtigte, von der Zukunft mehr zu verlangen. Das allein wäre aber noch kein Unglück gewesen, denn um wieviel mehr sie von der Zukunft würden verlangen können, wußten sie ja nicht von vornherein. Das erfuhren sie erst auf dem Umweg über die in ihrem Land betriebene Politik. Die aber nahm immer dann eine unglückliche Wendung, wenn sie die Bürger dazu verleitete, mehr von der Zukunft zu verlangen, als sie selbst für die Zukunft zu tun bereit waren.

Noch früher als am Beispiel des Haushaltes der Natur hätte am Beispiel des Staatshaushaltes erkannt werden können, welche Folgen es hat, wenn man auf Kosten der Zukunft zu leben versucht. Das Umkippen eines Modells, das in der Gegenwart Opfer für eine bessere Zukunft bringt, in ein Modell, das um vermeintlicher Vorteile in der Gegenwart willen kommenden Generationen Opfer aufbürdet, erfolgte nicht zuerst im heute viel zitierten Ökosystem, sondern in der Budgetpolitik. 1953 hatte das offizielle Ende der Lebensmittelkarten einen Schlußstrich unter die Nachkriegsnot gezogen. Die Währung war auf der Basis 1 Dollar = 26 Schilling endgültig stabilisiert worden. Das von Finanzminister Professor Kamitz erstellte Budget für 1953 hatte zum ersten Mal in der Geschichte der Zweiten Republik einen Überschuß ausgewiesen. Zu Beginn der Jahre 1954 und 1955 waren die Steuern gesenkt worden. Die in jedem privaten Haushalt vorhandene Einsicht, daß man auf die Dauer nicht mehr ausgeben kann, als man einzunehmen vermag, hätte nun auch das Fundament der künftigen Budgetpolitik bilden können. Als 1955 die Besatzungstruppen abzogen und Österreich wieder über die beschlagnahmten Erdölfelder und Betriebe im Osten des Landes verfügen konnte, erwartete die Bevölkerung zwar, daß nun die Zeit der Opfer für die Zukunft vorbei sein würde. Angesichts der noch zu leistenden Reparationen und der Notwendigkeit einer eigenen Landesverteidigung wäre ihr jedoch begreiflich zu machen gewesen, daß damit noch nicht die Zeit gekommen war, alle bisher unerfüllbaren Ansprüche zu erfüllen. Dazu hätte die große Koalition allerdings in der Lage sein müssen, eine neue Herausforderung zu formulieren, zumindestens in der bescheidenen Form eines Etappenzieles, das zu weiteren Anstrengungen und einem vorübergehenden Verzicht motivieren hätte können. Die Autorität eines Raab hätte dazu bei eindeutiger Bestätigung seines Führungsanspruches durch noch im Jahre 1955 abgehaltene Wahlen wohl ausgereicht. Aber selbst unter dieser Voraussetzung wäre die Frage, was denn die Österreicher nun noch für ihren Staat zu tun hätten, von den beiden damals staatstragenden Parteien nicht klar und einhellig genug beantwortet worden.

Das Fehlen einer Antwort auf diese Frage aber provozierte geradezu die Gegenfrage, was denn nun der Staat für seine Bürger zu tun gedenke. Die von Finanzminister Kamitz schon drei Tage nach der Staatsvertragsunterzeichnung abgegebene Versicherung, die Staatsvertragslasten würden zu keinen neuen Belastungen der Bevölkerung führen, wurde nicht als Leistung des Staates verstanden, sondern als Beweis für seine noch unausgeschöpfte Leistungsfähigkeit angesehen. So hatte zum Beispiel bisher niemand erwartet, für die durch den Krieg und die Besetzung verursachten Schäden von dem dadurch selbst in Mitleidenschaft gezogenen Staat entschädigt zu werden. Doch als Mitte 1958 ein Besatzungsschäden- und ein Kriegs- und Verfolgungssachschädengesetz beschlossen wurden, übertrafen die Erwartungen bereits die angebotene Wiedergutmachung für Schäden, die alliierte Bomber und Besatzungsarmeen verursacht hatten. Als Bundeskanzler Raab Anfang 1959 darauf aufmerksam machte, daß auf diese Weise die Staatsvertragslasten auf zehn Milliarden Schilling angestiegen seien und das nächste Budget mit mehr als zwei Milliarden belasteten, bestand keine Chance mehr, an ein früher vielleicht noch vorhandenes Verständnis der Bürger zu appellieren. Aus der Koalition des gemeinsamen Kampfes um die Freiheit war ein Konkurrenzkampf der Meistbietenden geworden, der nur noch das Anspruchsdenken anzustacheln vermochte.

Seit diesem Umkippen des politischen Bewußtseins, dem der Begriff des Opfers fremd und der Begriff des Anspruchs so vertraut geworden war, wurde der Staat zum Symbol des Wachstums auf Kosten der Zukunft. Der fünfzehn Jahre nach Kamitz von Finanzminister Professor Koren unternommene Versuch einer Budgetsanierung, der »Paukenschlag« des Jahres 1968, der auch die »heiligen Kühe« Autos und Alkohol traf, verlor schon zwei Jahre später die politische Rückendekkung. Der Großverbraucher Staat erkannte und anerkannte keine Grenzen seines Wachstums. Zwischen 1973 und 1983 erhöhte sich der öffentliche Konsum um real 39 Prozent, während die Investitionen überhaupt keinen realen Zuwachs erzielten. In den zwei Jahrzehnten zwischen 1964 und 1984 erhöhte sich die Staatsausgabenquote von 47,5 auf 57,5 Prozent des Sozialproduktes. Mit seiner gleichzeitig rapide zunehmenden Verschuldung exerzierte der Staat seinen Bürgern vor, wie man zu Lasten der Zukunft über seine Verhältnisse leben kann. Der 1953 noch im Gleichgewicht befindliche Staatshaushalt gab 1983 um 91 Milliarden Schilling mehr aus als er einnahm und belastete die Zukunft mit einer Staatsschuld von 416 Milliarden, die 1985 auf 531 und bis 1989 auf 855 Milliarden anwachsen könnte. Innerhalb dieses Zeitraumes, in den die nächsten Nationalratswahlen fallen, wird aber schon wieder ein neues Steuerbelastungspaket geschnürt werden müssen, um das Defizit des Staatshaushaltes nicht noch weiter explodieren zu lassen, es sei denn, man käme inzwischen zur Einsicht, daß der Staat den Aufgaben, die er sich zugemutet hat, weder im bisherigen Umfang noch in der bisher üblichen Art ihrer Bewältigung gewachsen ist.

Die einmalige Chance, zugleich mit einer Neudefinition der Staatsaufgaben auch eine neue Aufgabenteilung zwischen Staat und Bürgern zu proklamieren, bestand nach dem Erdölschock des Jahres 1973. Schon 1970 hatte der amerikanische Präsident Nixon in seiner *State of the Union*-Botschaft das große Problem der siebziger Jahre in die Frage gekleidet, ob wir vor unseren Umweltverhältnissen kapitulieren oder unseren Frieden mit der Natur machen und mit der Wiedergutmachung der Schäden beginnen sollen, die wir unserer Luft, unserem Boden und unseren Gewässern zugefügt haben. Ein Jahr später versprach Bundeskanzler Kreisky den Österreichern in seiner Regierungserklärung, den »Kampf gegen die Armut und das Sterben vor der Zeit« aufzunehmen, wobei der Erreichung des zweiten Zieles auch ein neu geschaffenes Ministerium für Gesundheit und Umweltschutz dienen sollte. Allerdings sah seine Regierung die Chance, diesen Kampf zu gewinnen, weniger in einer neuen Aufgabenteilung als in einer stärkeren Umverteilung des Zuwachses, der zwischen 1969 und 1973 das österreichische Sozialprodukt jährlich um real 5,7 Prozent vergrößert hatte. Diese Umverteilung erfolgte jedoch keineswegs in einem ins Gewicht fallenden Ausmaß zugunsten der Aufgaben des neu geschaffenen Ministeriums, sondern zugunsten der Erfüllung neuer Ansprüche, die gar nicht von der Bevölkerung erhoben, sondern von der Regierungspartei erfunden worden waren. Das »Gratis«- und

Wegwerfschulbuch und die Heiratsbeihilfe waren Beispiele dafür.

Dennoch hätte der Erdölschock des Jahres 1973 noch die Möglichkeit geboten, unter Berufung auf höhere Gewalt einen Kurswechsel vorzunehmen. Bundeskanzler Kreisky war zu diesem Zeitpunkt – zum Unterschied von Raab – Chef einer Einparteienregierung mit absoluter parlamentarischer Mehrheit und besaß die ausgeprägte Fähigkeit, mit Hilfe der Medien zu regieren und die öffentliche Meinung für seine Ziele zu gewinnen. Ihm wäre zuzutrauen gewesen, aus der Not des Mangels eine neue Begründung der alten Tugend der Sparsamkeit zu machen. In einer Botschaft an die Nation hätte er nicht nur die Notwendigkeit des Energiesparens, sondern des sparsameren Umgangs mit allen – auch den finanziellen – Ressourcen des Landes verkünden können. Tatsächlich aber blieb der Erdölschock auf der politischen Ebene eine Episode, an die nur die vorübergehende Einführung einer Geschwindigkeitsbegrenzung auf 100 Stundenkilometer und eines »Pickerls« für einen autofreien Tag in der Woche erinnert.

Zu einer wirklich neuen Perspektive, die die Zukunft durch ihre Entscheidungen nicht vorbelastet, sondern sicherer macht, konnte sich die damalige Regierungspolitik nicht durchringen. Zu stark war noch der Glaube, den neu aufgetauchten Problemen davonwachsen zu können. Der »Austro-Keynesianismus« sah in höheren, durch *deficit spending* finanzierten Staatsausgaben die Möglichkeit, die Wirtschaft wieder stärker wachsen zu lassen und die öffentliche Meinung sah in der Arbeitsplatzsicherung die mit Abstand wichtigste Staatsaufgabe. Kreisky brachte dies auf die simple Formel, Schulden seien ihm lieber als Arbeitslose. Der bequeme österreichische Weg, weiter auf Kosten der Zukunft leben zu können, war damit gefunden. Eine in Österreich im Verhältnis zu den westlichen Industriestaaten geringere Arbeitslosenrate schien dieser Politik recht zu geben. Rückblickend ist jedoch der Beweis für die Sicherung von Arbeitsplätzen durch höhere Staatsausgaben kaum zu erbringen. Denn dort, wohin das meiste Geld des Staates floß, in verstaatlichte und halbverstaatlichte Betriebe und Betriebsgründungen ausländischer Konzerne, nahm die Zahl der Beschäftigten nicht zu, und auch durch spektakuläre Großprojekte wurden nur vorübergehende Beschäftigungseffekte erzielt. In dem Jahrzehnt seit dem Erdölschock ging die Zahl der Beschäftigten in Betrieben mit mehr als 500 Beschäftigten sogar um 2,7 Prozent zurück. In Betrieben, für die die Regierung so gut wie nichts übrig hatte, nahm sie jedoch zu: so zwischen 1973 und 1983 in Betrieben mit 9 bis 19 Beschäftigten um 22,5 Prozent und in Betrieben bis zu neun Beschäftigten um 17,2 Prozent. Von den 183 392 Arbeitsplätzen in den direkt und indirekt verstaatlichten Industriebetrieben im Jahre 1970 gingen bis 1984 14 746 verloren. Verfehlt wurde damit aber auch das Ziel einer umweltpolitischen Strukturverbesserung, das mit »Rauchfangindustrien« und »Betonmonstern« naturgemäß schwerer zu erreichen ist als mit maßvolleren Projekten und der Miniaturisierung durch neue Technologien.

Als die Ära Kreisky zehn Jahre nach dem Erdölschock zu Ende ging, wurde offenbar, daß Österreich mit den bisherigen Methoden den Problemen nicht davonzuwachsen vermochte. Die Methode, mit Hilfe der Staatsverschuldung durch eine ökonomische Krise »durchzutauchen«, um das rettende Ufer der nächsten internationalen Konjunkturbelebung zu erreichen, ist, weil inzwischen auch dem Staat »die Luft auszugehen droht«, auf die Dauer nicht wiederholbar. Gleichzeitig aber erwies sich, daß die seit der Gründung eines eigenen Ministeriums angewendeten Methoden des Umweltschutzes ungeachtet von Teilerfolgen wie bei der Verbesserung der Qualität der österreichischen Seen nicht ausreichten, um das Problem als Ganzes in den Griff zu bekommen.

Die Frage, weshalb der Erwiderungsgewinn politischer Antworten auf seit langem erkennbare neue politische Herausforderungen so gering ist, kann freilich nicht nur aus der österreichischen Perspektive gestellt werden. An Warnsignalen, die erkennen ließen, daß mit der bisherigen Art der Lösung alter Knappheitsprobleme zur Entstehung neuer Knappheitsprobleme beigetragen wird, hat es in traditionellen Industriegebieten und in neuen Ballungszentren schon früher nicht gefehlt. Bereits 1930 kam es im Industriegebiet südlich von Lüttich zu einer ersten Luftkatastrophe. 1952 führte das Zusammentreffen von Luftverschmutzung und besonderen Witterungsbedingungen, der Rauch-Nebel des »Smog«, in London zum vorzeitigen Tod von 4000 Menschen. In der Sendereihe »Das Heidelberger Studio« wurde schon im Jahr der Unterzeichnung des österreichischen Staatsvertrages darauf hingewiesen, daß über Hamburg jährlich bis zu zwei Millionen Tonnen Schadstoffe niedergehen und daß im Ruhrgebiet innerhalb von drei Jahren der Prozentsatz der durch Blei gefährdeten Tankwarte und Chauffeure von 27 auf 52 Prozent gestiegen ist. Die »provisorische Daseinshaltung«, von der der Wiener Psychotherapeut Viktor E. Frankl in dieser Sendereihe sprach, blieb jedoch für die umfassender informierten Regierungen zumindestens so charakteristisch wie für die Regierten. Die schon 1956 gestellte Frage, ob der Mensch nicht zum Parasiten der Erde werde, wurde vorerst nur von Wissenschaftlern und an Hand von Einzelbeispielen für diese Selbstgefährdung des Menschen beantwortet.

Eine internationale Popularisierung dieser Thematik gelang erst in den siebziger Jahren, als die Weltmodelle des Club of Rome und die Weltraumperspektive den Ernst der Situation in das Bild des »Raumschiffs Erde« mit seinen begrenzten natürlichen Vorräten übersetzten. Doch Zweifel an den Prognosen der nur unscharf definierbaren Wachstumsgrenzen und der Spielraum, der sich durch menschliche Erfindungsgabe gewinnen ließ, milderten diesen Ernst. In vielen Ländern starrten die politisch Verantwortlichen weiterhin nur auf das, was sie unter dem ökonomischen Problem verstanden, und schielten bestenfalls in die Richtung, aus der die ökologischen »Nebenwirkungen« auf sie zukamen. Nur an Stellen, wo die Auswirkungen auf die Bevölkerung bereits katastrophale Ausmaße annahmen, wurde gehandelt. Ein Grund dafür lag zweifellos darin, daß die Politik nur über ein einziges »integratives Maß« für ihren Erfolg verfügte. Was die Politik eines Staates für dessen Bürger insgesamt zu erreichen vermochte, wurde nach wie vor durch die oft irreführenden Wachstumsprozente des Bruttonationalproduktes ausgedrückt. Das galt natürlich auch für Österreich, wo sich durch eine seit Jahrzehnten betriebene Verteilungspolitik das Bild eines »Kuchens« eingebürgert hatte.

Der »Kuchen« eines Sozialproduktes, dessen Wert nur in Geld auszudrücken war und für den es keine Inhaltsdeklaration ungenießbarer, ja gefährlicher Bestandteile gab, verleitete Politiker wie Politikkonsumenten zu falschen Vorstellungen. Der Prozentsatz des Wachstums wurde zum Maßstab politischer Erfolge, aber auch zum Maßstab der Ansprüche, die an die Politik gestellt wurden. Sich Jahr für Jahr davon eine größere, zumindestens aber nicht kleinere »Schnitte« als alle anderen abschneiden zu können, wurde zu einem von den Regierenden praktizierten, lange Zeit aber auch von den Regierten akzeptierten Politikverständnis. Daß ein richtig verstandenes ökonomisches Prinzip auch darauf Bedacht nehmen muß, einen Ertrag mit möglichst geringem Aufwand zu erzielen und den Kapitalbestand der Umwelt zu regenerieren, kam bei dieser Sichtweise zu kurz. Über ein »integratives Maß« für alle von ihr verursachten Umweltschäden verfügt die moderne Gesellschaft auch in der Gegenwart nur in Form von groben Schätzungen. Sie sprechen in den westlichen

Industriestaaten von drei bis fünf Prozent des Bruttonationalproduktes, was in Österreich jährlichen Schäden in Höhe von 36 bis 60 Milliarden Schilling entsprechen würde.

Ein neues Politikverständnis muß sich und der Bevölkerung eingestehen, daß es sich dabei um Schäden handelt, die vom bisher ausgewiesenen Wachstumserfolg der Politik abzuziehen sind und die durch ein Umkippen des Ökosystems Politik überhaupt zur Erfolglosigkeit verurteilen können. Umgekehrt bedeutet dies aber auch, daß die Behebung bereits eingetretener und die Vermeidung künftiger Schäden in die Erfolgsperspektive der Politik einzubeziehen sind. Wie das Beispiel des Waldes zeigt, ist dabei der oft konstruierte Gegensatz zwischen Ökonomie und Ökologie ein unfruchtbarer Denkansatz. Auch wenn es für das Waldsterben allein in der Bundesrepublik Deutschland 167 verschiedene Erklärungen gibt, so ändert das nichts an der leichten Erklärbarkeit seiner Folgen. Sie bestünden nicht nur in der Schließung der »grünen Fabrik«, die in einem natürlichen Regenerationsverfahren Holz »herstellt«, sondern auch im Verschwinden einer »grünen Lunge«, die zur natürlichen Regeneration der Atemluft beiträgt. Ohne den Wald als Klimaregulator und Wasserreservoir, als Schutz gegen Erdrutsch, Hochwasser und Lawinen würden in Österreich ganze Täler unbewohnbar, würde die Erwerbsquelle des Fremdenverkehrs und die Trinkwasserversorgung vieler Städte versiegen.

Die Lebensgrundlagen der Luft, des Wassers und des Bodens gehören ebenso wie die Rohstoffe zu dem »Kapital«, mit dem die Natur ein Land ausgestattet hat. Die Erweiterung der Erfolgsperspektive der Politik durch die ökologische Dimension hebt die ökonomische Dimension keineswegs auf, sie stellt nur die früher vorhandene Einsicht wieder her, daß »haushälterisch« sowohl eine sparsame als auch eine wirtschaftliche Verhaltensweise darstellt, die auf den privaten und den öffentlichen Haushalt ebenso anzuwenden ist wie auf den Haushalt der Natur. »Kapitalverzehr« kann deshalb nicht die Grundlage eines gesunden Wachstums sein. Erst die Zusammenschau der in den letzten Jahrzehnten so rasch gewachsenen künstlichen Umwelt des Menschen mit der gleichzeitig verkümmerten natürlichen Umwelt ergibt einen für die Zukunft brauchbaren Wachstumsbegriff, der auch als Erfolgsmaßstab der Politik anwendbar ist.

Ein Schaden von fünf Prozent des Bruttonationalproduktes würde bei dem mittelfristig prognostizierten realen Wachstum von zwei Prozent und einer vierprozentigen Inflationsrate im Laufe eines Jahrzehnts bereits einer Schadenssumme von 1600 Milliarden Schilling entsprechen. Einen solchen Schaden nicht eintreten zu lassen und für ein echtes, sowohl dem Wohlstand als auch dem Wohlbefinden des Menschen zuträgliches Wachstum zu sorgen, stellt die größte Herausforderung für eine weitblickende Politik dar.

Anlaß zu der Befürchtung, sie könnte sich dieser Herausforderung nicht gewachsen zeigen, bestünde nur, wenn der Politik der Mut fehlt, mit der Entlarvung irrtümlicher Verhaltensweisen bei sich selbst zu beginnen. Die Politik muß eingestehen, daß sie nicht zur unbegrenzten Befriedigung materieller Bedürfnisse in der Lage ist – ein Eingeständnis, das ihr um so leichter fallen sollte, als die Beglückung durch den steigenden Lebensstandard keineswegs eine proportionale war. Sie muß eingestehen, daß sie insgesamt keine Leistungen zum Nulltarif anzubieten hat, auch nicht dadurch, daß sie Vorleistungen erbringt, die erst in der Zukunft zurückzuzahlen sind. Und die Politik muß eingestehen, daß alle bisher von ihr ergriffenen Maßnahmen nicht mehr waren als ein Herumdoktern an den jeweils schmerzhaftesten Stellen einer erkrankten Umwelt. Wenn heute von einem »ökologischen Wiederaufbau« gesprochen wird, so sollte auch ausgesprochen werden, was der »ökonomische Wiederaufbau« ursprünglich war: die Entschlossenheit, die durch Kriegseinwirkung zerstörte künstliche Umwelt wiederaufzubauen, und die Einsicht, daß dafür unter Verzicht auf gegenwärtige Ansprüche Leistungen für die Zukunft erbracht werden müssen. Dieser Wiederaufbau begann nicht mit finanziellen Leistungen des Staates, denn der war nach dem Krieg so arm wie seine Bürger. Die Leistung des Staates war vielmehr eine im eigentlichen Sinn des Wortes politische, indem er ein zukunftsorientiertes Handlungsmuster anbot. Die Mobilisierung der Problemlösungskapazität des ganzen Volkes war das eigentliche Geheimnis des Wiederaufbaus.

Zu Beginn der siebziger Jahre wurde zwar auch pathetisch zu einem Kampf – »gegen die Armut und das Sterben vor der Zeit« – aufgerufen, aber von einem Staat, der sich selbst die Rolle des Problemlösers anmaßte und die Bevölkerung in der Illusion wiegte, er bedürfe zur Lösung neuer Probleme nur größerer finanzieller Mittel und eines größeren Apparates. Dort, wo der Staat als Eigentümer der Energiewirtschaft, der meisten »Rauchfangindustrien« und der größten chemischen Betriebe schon seit jeher zuständig war, ging er nicht mit gutem Beispiel voran. Er gab auch dem beim Wiederaufbau so bewährten Problemlöser Markt lange Zeit keine neuen Signale, ja er betrieb sogar in manchen Fällen eine die Umwelt noch zusätzlich belastende Förderungspolitik oder erließ Gesetze, die sich als nicht vollziehbar erwiesen. Spektakulär war lediglich die Vergrößerung des staatlichen Instrumentariums. So kam Österreich im Laufe von eineinhalb Jahrzehnten unter dem Titel Umweltschutz zu einem neuen Ministerium, einem neuen Fonds und zuletzt noch zu einer neuen Anstalt und einer neuen Kommission; aber auch das geschah nicht auf Grund eines längerfristig verfolgten Konzeptes, sondern auch noch Mitte der achtziger Jahre als Reaktion auf Protestbewegungen. Auch richtige Einzelmaßnahmen, die mit der Entwicklung in der Bundesrepublik Deutschland und in der Schweiz Schritt hielten oder ihr gar vorauseilten, aber hinter den in Japan und den USA schon längst ergriffenen hinterherhinkten, ergaben deshalb noch kein neues, die Bevölkerung mitreißendes Handlungsmuster.

Das nicht von der Regierung kommende Stichwort vom »ökologischen Wiederaufbau« könnte ein solches Handlungsmuster bieten. Allerdings müßte der Bevölkerung bewußt gemacht werden, daß es sich dabei um eine Aufgabe handelt, die nicht allein vom Staat, sondern nur unter Mitwirkung aller seiner Bürger gelöst werden kann, und um ein Ziel, das nicht durch einen Abbau der ökonomischen Kräfte des Landes, sondern nur durch eine neue Form des Einsatzes dieser Kräfte erreicht werden kann. Eine bloß beschwichtigende Tagespolitik wird freilich kein solches Handlungsmuster hervorbringen können. Auf diese Weise bleibt das Krankheitsbild der Umwelt ein Bedrohungsbild, das nur zur Abwehr von Risiken, aber nicht zur Nutzung neuer Chancen zu motivieren vermag. Am Beginn des »ökonomischen Wiederaufbaus« stand ja auch ein solches Bedrohungsbild, nämlich das scheinbar unüberwindlicher materieller Not. Österreichs Ausgangsposition für einen »ökologischen Wiederaufbau« ist ungeachtet aller Unterschiede sicher keine schlechtere. Ein wesentlicher Unterschied besteht darin, daß Österreich mit keiner Auslandshilfe rechnen kann, sondern sogar – solange die internationale Umweltschutzpolitik in keinem Gleichschritt erfolgt – grenzverletzende Umweltschädigungen durch ausländische Verursacher einkalkulieren muß. Die in der Schweiz schon heute fünffach höheren Ausgaben für den Umweltschutz und die dort und in der Bundesrepublik Deutschland ergriffenen Maßnahmen berechtigen jedoch nicht zu der Annahme einer dauernd passiven Umweltbilanz. Ein anderer wesentlicher Unterschied aber besteht darin, daß Österreichs Bruttoinlandsprodukt Mitte der achtziger Jahre ungefähr sechzehn mal so hoch war als bei Kriegsende und bei Beginn des Wiederaufbaus. Das Wohlstandsgefälle zwischen den reichen Industrienationen und Österreich hat sich in diesem Zeitraum stark abgeflacht, ohne daß Österreich schon in jeder Form eine maximale Umweltbelastung erreicht hätte. So erreicht der Energieverbrauch pro Kopf in Österreich nur ein Drittel der USA, und die Schwefeldioxydbelastung pro Hektar erreicht in Österreich nur zwei Fünftel jener in der Tschechoslowakei.

War es nach Kriegsende vor allem eine Frage, wie die zum Überleben notwendigen Mittel überhaupt erst beschafft werden können, so ist es jetzt vor allem eine Frage des neu überlegten Einsatzes bereits vorhandener Mittel, um das Überleben in einer wieder intakten Umwelt sicherzustellen. So könnte die Umlenkung von Mitteln, die bisher Umweltschäden bewirkten, in Öko-Investitionen, die solche Schäden vorerst verringern und später schon von vornherein verhüten, auch ohne größere Belastung der Bevölkerung erfolgen. Man schätzt, daß durch Öko-Investitionen von 150 bis 200 Milliarden Schilling in einem Jahrzehnt zusätzlich 35 000 bis 50 000 Arbeitsplätze geschaffen werden könnten und als Grundlage für neue exportorientierte Produktionszweige auch die österreichische Handelsbilanz um rund fünf Milliarden Schilling verbessern könnte. Eine Politik, die nicht nur Umweltschäden registriert und pönalisiert, sondern Anreize für umweltschonende Produkte und Verfahren bietet, kann, ohne das Wachstum zu bremsen, dieses Wachstum in die von ihr gewünschten Bahnen lenken.

Voraussetzung für die Umprogrammierung der Marktwirtschaft ist nur, daß die Politik selbst über ein Programm verfügt. Die Überlegenheit des Wettbewerbs als »Entdekkungsverfahren« wird sich bei der besseren Versorgung mit »Umweltgütern« ebenso erweisen wie bisher bei der besseren Versorgung mit den herkömmlichen Konsumgütern, sobald ein entsprechender Wettbewerb »veranstaltet« wird. Der »ökologische Wiederaufbau« kann deshalb auch als Wahrnehmung neuer ökonomischer Chancen zur Verbesserung der Lebensqualität verstanden werden.

Was überwunden werden muß, ist lediglich die Verkürzung der politischen Perspektive durch eine »Gefälligkeitsdemokratie«, die sich mit der Verteilung des Vorhandenen unter den jeweils wahlberechtigten Bürgern begnügt. Auf einer solchen »Börse notieren« die für die Zukunft wichtigen Güter nicht, weil die Politik die »Nachfrage« der noch nicht wahlberechtigten jungen und der kommenden Generation unberücksichtigt läßt. Aber eine Politik, die sich auf das beschränkt, was bis zum nächsten Wahltag angeboten werden kann, wäre schon beim »ökonomischen Wiederaufbau« zum Scheitern verurteilt gewesen.

Bohdan Hawrylyshyn, der unter fünf politischen Regimen vier verschiedene Berufe ausübte, hat in seinem Buch »Wegweiser in die Zukunft« den Weg zu besser funktionierenden Gesellschaften zu beschreiben versucht. Nach seinem Schema für die Determinanten der Leistungsfähigkeit einer Gesellschaft beruhen diese auf Werten, zeigen sich in der Form des Staatsaufbaus und sind durch das Wirtschaftssystem bedingt. Um soziale Wünsche zu realisieren, bedarf es nicht nur wirtschaftlicher Ressourcen, sondern auch der politischen Leistungsfähigkeit, die sich in der Art, der Anwendung und der Akzeptierbarkeit der Autorität manifestiert. Das Bedrohungsbild einer kranken Umwelt hat in der Bevölkerung neue Wertvorstellungen, zumindestens aber neue Wunschvorstellungen hervorgerufen. Aufgabe der Politik müßte es sein, diesem Bedrohungsbild ein konsensfähiges Wunschbild gegenüberzustellen. Gleichzeitig aber müßte ein Regierungschef mit der gleichen Bescheidenheit wie 1945 erklären, daß seine Politik die Zukunft den Bürgern seines Landes nicht zum Geschenk machen, sondern nur alle in ihnen schlummernden Kräfte zur erneuten Bewältigung der Zukunft wecken kann.

Was in Zukunft an Unmöglichkeiten möglich werden könnte

10. KAPITEL

Österreich als Versuchsstation eines lebenswerteren Lebens?

Das von Karl Kraus geprägte Wort von der »österreichischen Versuchsstation des Weltunterganges« eignet sich heute nicht mehr so ganz zur Charakterisierung der Rolle, die Österreich zu spielen hat. Geprägt wurde dieses Wort im Jahre 1914 noch vor dem Attentat von Sarajewo in einem Wien, in dem am Vorabend des Ersten Weltkrieges Hitler von der Akademie der bildenden Künste abgelehnt wurde, Mussolini beim Bau der Wiener Reichsbrücke arbeitete, Lenin im Café Central saß und Stalin wenige Minuten vom Schloß Schönbrunn entfernt über das Nationalitätenprinzip schrieb.

Der Erste Weltkrieg befreite, obwohl er nicht zu diesem Zweck erklärt worden war, Österreich von der Bürde einer Großmacht. In der kurzen Zwischenkriegszeit von 21 Jahren konnte die Erste Republik den Minderwertigkeitskomplex ihrer Kleinheit nicht ganz ausheilen. Im Laufe des Zweiten Weltkriegs aber gewann dieses kleine Land gerade im Glanz der Abwesenheit des verbotenen Begriffes »Österreich« eine ihm angemessene Identität. Nach vierzig Jahren der Zweiten Republik leidet Österreich zwar gelegentlich an allen möglichen Zuständen, aber nicht an dem Zustand, Österreich zu sein. Um ihren Untergang zu simulieren, bedarf eine Welt, die in ihren nuklearen Arsenalen die Zerstörungskraft von 6000 Zweiten Weltkriegen gespeichert hat, keiner österreichischen Versuchsstation.

Hat Österreich deshalb den Charakter einer »Versuchsstation« verloren? Kann es sich damit begnügen, sich als endgültig gelungenes Experiment zu betrachten? Oder hat es nur noch seine eigenen kleinen Probleme zu bewältigen, aber keine größere Aufgabe mehr zu erfüllen? Österreich ist in der ersten Hälfte des 20. Jahrhunderts eine Überdosis an Schicksal zuteil geworden. Eine vom Untergang verschont bleibende Welt scheint auf den ersten Blick für Österreich nur das Schicksal der Schicksalslosigkeit bereitzuhalten: ein Kontrastprogramm, das der am errungenen Wohlstand noch Gefallen findenden älteren Generation zusagen mag, einer wohlstandsgewohnten jüngeren Generation aber auch etwas schuldig bleibt.

Doch nicht mehr die Hebbelsche »kleine Welt« zu sein, »in der die große ihre Probe hält«, muß Österreich noch nicht zur Faszinationsarmut verurteilen. Auch so bleibt Österreich ein Land, in dem etwas erprobt werden kann, vielleicht sogar etwas, das der Welt als Beispiel einer Neuinszenierung dienen kann. Notwendig ist nur ein Perspektivenwechsel, der die Österreicher erkennen läßt, daß sie nach weltgeschichtlichen Maßstäben von einem Gläubiger- zu einem Schuldnerland geworden sind. Seit vierzig Jahren vom Krieg, seit dreißig Jahren von fremder Besetzung und zum Unterschied von Deutschland, dem Libanon oder Korea vom Schicksal der Teilung sowie zum Unterschied von der Dritten Welt von Hunger und Not verschont, haben die Österreicher nun von sich selbst etwas zu verlangen. Beschenkt mit äußerem und innerem Frieden, einem nie erlebten Wohlstand, einem reichen natürlichen und kulturellen Erbe haben sie zu zeigen, was sich aus diesen überdurchschnittlich großen Chancen machen läßt.

Das setzt freilich voraus, daß die Politik in den zur Zukunft hin offenen Grenzen Österreich als ein Land erscheinen läßt, in dem auch bisher für unmöglich Gehaltenes möglich werden kann. Wenn beispielsweise Prognosen damit rechnen, daß in Österreich im Jahre 2030 mit 7 160 000 Einwohnern etwa gleich viel Menschen leben werden wie im Jahre 1963, so ergibt das nur bei oberflächlicher Betrachtung ein undramatisches Bild. Wenn die Politik nicht gestaltend eingreift, kann aus Österreich bis dahin auch ein »Altersheim« werden, dessen alpiner Erholungsraum übervölkert ist und dessen nordöstliche Regionen so tot sind wie seine nordöstlichen Grenzen. Wenn die Politik ihre Aufgabe nur in der Umverteilung des Berechenbaren sieht, könnte die Rechnung auch dann nicht aufgehen, wenn Österreich bei einem zweiprozentigen realen Wachstum zwar im Jahre 2015 den zweidreiviertelfachen Wohlstand des Jahres 1985 erreicht, aber auf je 100 Erwerbstätige bereits 81 noch nicht oder nicht mehr Erwerbstätige entfallen, die alle die gleichen oder noch höhere Ansprüche stellen zu können glauben. Auf der anderen Seite zeigt die ausgezackte Fieberkurve der Jahre 1913 bis 1973 mit ihren neun Kriegs- und zehn Besetzungsjahren und der den Erdölschock in den Schatten stellenden Weltwirtschaftskrise, daß die Politik sich durch die heute erkennbaren Probleme keineswegs überfordert fühlen muß. Wenn es in jüngster Zeit zu einer Abkoppelung des persönlichen Wohlbefindens von einem rein quantitativ zunehmenden Wohlstand gekommen ist, so verringert das nur den Spielraum einer Politik, die sich als Erfüllung rein materieller Ansprüche mißversteht. Ein neues politisches Leitbild aber kann sich auch die Wiedereinbürgerung der Bürger in den Staat zum Ziele setzen, den Staat nicht als ein apparathaftes Gegenüber, sondern als gemeinsame Aufgabe der eigenverantwortlichen Zukunftsbewältigung begreifen lassen. Ein solcher Perspektivenwechsel läßt auch die nicht-materiellen Ressourcen erkennen, deren Mobilisierung den Staat entlasten und seine Fähigkeit zur Lösung neuer Probleme steigern kann. Es genügt nicht, von »mündigen« Bürgern zu sprechen, sie aber dort, wo auch von ihnen etwas gefordert werden kann, nicht zu fordern: Wenn sie gesund sind, aber selbst nicht auf ihre Gesundheit achten, wenn sie für ihre eigenen Kinder verantwortlich sind, aber diese Verantwortung nicht wahrnehmen, wenn sie ihre freie Zeit totschlagen, aber keine Zeit zur Nachbarschaftshilfe aufwenden, hat ihnen die Politik in einem demokratischen Staat zwar nichts zu befehlen, aber ihnen wenigstens zu sagen, was ihnen möglich und was ihnen selbst und ihren Mitmenschen zuträglich wäre.

Das Bild von der »Versuchsstation«, das durch seinen Gebrauch im Jahre 1914 verdüstert wurde, kann auch politisch aufgehellt werden durch die 1945 gewonnene Erfahrung, daß das, was die Österreicher gemeinsam versuchen, auch gelingen kann. Allein durch die Formulierung dessen, was gemeinsam versucht werden sollte, kann die Politik die in einem Volk schlummernden Kräfte wachrufen. Bürger, die nur anspruchsvoll die Hand aufhalten oder protestierend die Faust ballen, sind nicht die Ursache, sondern die Folge einer Politik, die sie verlernen ließ, wie man sein Schicksal auch selbst in die Hand nehmen kann. Nicht nur der Umstand, nicht oft genug gefragt zu werden, sondern auch der Umstand, nicht deutlich genug gesagt zu bekommen, wofür sich Anstrengung und Verzicht lohnen, läßt Politikverdrossenheit entstehen. Anstelle des Gefühls, für eine der Allgemeinheit dienende Sache gebraucht zu werden, tritt so das Gefühl, nur noch für fremde Zwecke mißbraucht zu werden.

Obwohl die Zukunftsforschung zu einem Charakteristikum der zweiten Hälfte unseres Jahrhunderts wurde, dehnt die Politik nur ihre Rückblicke immer weiter aus, zögert aber, den Lebenszeitraum der heute noch jüngeren Generation voll ins Auge zu fassen. Diese von Christopher Lash als »Kultur des Narzißmus« betitelte »Unfähigkeit«, sich mit der »Nachwelt« zu »identifizieren«, hat ihre Wurzel auch in einer Politik der etablierten Parteien, die zwar die Dramatik des vor vierzig Jahren Geschehenen gelten lassen, die Dramatisierung des in den nächsten vierzig Jahren Möglichen aber oft nur neuen politischen Bewegungen überlassen. Die junge Generation wird ebenso wie die ältere an einem weiterlaufenden geschichtlichen Experiment teilnehmen müssen, dessen Ausgang offen bleibt. Den in so reichem Maße angebotenen Versionen eines schrecklichen Ausgangs dieses Experiments müssen jedoch auch Versionen entgegengestellt werden, die die Beteiligung an diesem Experiment noch sinnvoll erscheinen lassen.

Von der kleinen österreichischen »Versuchsstation« sind dabei keine weltbewegenden Ergebnisse zu erwarten, doch es sollte der Ehrgeiz Österreichs sein, den Modellversuch eines lebenswerten Lebens zu unternehmen. Österreich leidet zwar wie alle höher entwickelten Länder unter der »Ambivalenz des Fortschritts«, doch handelt es sich um eine innerhalb seiner Grenzen immer noch verhältnismäßig leichter beherrschbare Doppelwertigkeit der Entwicklung. Grillparzers Wort »Und die Größe ist gefährlich« trifft auf das klein gewordene Österreich weniger zu als E. F. Schumachers »Small is beautyful«, und wenn dieses Land hinter der Entwicklung in der Welt manchmal herhinkt, kann es dadurch auch Zeit für die Überlegung gewinnen, ob es Schritte in der richtigen Richtung sind. Nur mit einer Ambivalenz wird die Politik auch die Österreicher konfrontieren müssen: mit der Einsicht, daß für die Erzielung von Vorteilen auch Nachteile in Kauf genommen werden müssen – oder daß für die Vermeidung von Nachteilen auch der Verzicht auf Vorteile notwendig ist.

Die Chance einer Neukombination der für das Wohlbefinden seiner Bevölkerung entscheidenden Faktoren aber ist zweifellos größer als ein auf die Kaufkraft des verfügbaren Einkommens oder die zur Verfügung stehende Freizeit reduziertes Kalkül. Eine nicht explodierende, aber sich regenerierende Bevölkerung, ein bescheidenes, aber qualitativeres Wachstum, eine zuerst schrittweise sanierte, dann aber nicht mehr überbeanspruchte natürliche Umwelt und die nicht bloß behauptete, sondern ein- und ausgeübte Rolle einer kulturellen »Großmacht« mit zumindestens mitteleuropäischem Aktionsradius könnten sogar die Abwandlung eines auf den »Staat Österreich« gemünzten Wortes von Franz Palacký rechtfertigen: »Existierte« diese »Versuchsstation« nicht, »man müßte im Interesse der Humanität selbst sich beeilen«, sie »zu schaffen«.

Der Begriff »Versuchsstation« sollte eine sich als Pragmatismus ausgebende einfallslose Wiederholung der Gegenwart in der Zukunft ebenso ausschließen wie die utopische Zwangsvorstellung einer Zukunft, die kommenden Generationen keine Wahlmöglichkeit mehr ließe. Der Wille, etwas Neues zu versuchen, kann nach Kenneth Boulding durch neue Leitbilder geweckt werden. In einer Diktatur können falsche Leitbilder nicht mehr korrigiert werden, weil die Rückkoppelungsmöglichkeiten der Kritik, der freien Diskussion und des Denkens in Alternativen unterbunden sind. In einer Demokratie aber gewinnen diese Rückkoppelungsmöglichkeiten erst dann ihren Sinn, wenn überhaupt Leitbilder angeboten werden. Besteht keine adäquate Führung, sieht eine solche ihre Aufgabe lediglich darin, jedermann gefällig zu sein, so kann auch das Mehrheitsprinzip zur bloßen Hochrechnung egoistischer und kurzsichtiger Vorstellungen werden. Der Entwicklung von Leitbildern durch eine verantwortungsbewußte und antizipatorische, zukünftige Chancen und Risiken gedanklich vorwegnehmende Politik kommt deshalb in der Demokratie überragende Bedeutung zu. Solche Leitbilder müssen von vornherein einen hohen Grad von Gemeinsamkeit aufweisen, um das Interesse der Bürger eines Landes zu wecken, ohne deshalb das Recht der Bürger auf ihre Abänderung zu beeinträchtigen. Erst aus dieser Wechselwirkung ergibt sich die Möglichkeit, eine »Versuchsstation« auf demokratische Weise zu »betreiben« und dabei auch Ergebnisse zu erzielen.

Das Leitbild eines Österreichs als »Versuchsstation eines lebenswerten Lebens« besitzt wohl den denkbar größten Grad an Gemeinsamkeit, aber keinen ausreichenden Aufforderungscharakter, der erkennen läßt, welche Aufgabe dabei der Staat, aber auch der einzelne Bürger zu erfüllen hätte. Doch zwischen visionären Vorstellungen ohne einleuchtenden Praxisbezug und der Routine einer keinerlei Faszination ausübenden Tagespolitik besteht noch genügend Raum für politische Leitbilder. Ob man sie nun »Realutopien« oder »strategische Visionen« nennt – entscheidend ist, daß sie als Zukunftsentwürfe und Aufgabenbündelungen ein Handlungsmuster bilden, an dem sich der Staatsmann ebenso wie der einfache Bürger zu orientieren vermag. Sie erzeugen gleichsam ein politisches Magnetfeld, in dem die kurzfristig-ichbezogenen Bestrebungen auf längerfristig-gemeinschaftsbezogene Ziele hingeordnet werden.

So existiert Österreich ansatzweise bereits als »Versuchsstation internationaler Verständigungs- und Hilfsbereitschaft«. Doch fehlt den einzelnen Aktionen des Staates, politischer und konfessioneller Organisationen noch die Durchgängigkeit des Prinzips der Verständigungs- und Hilfsbereitschaft, um daraus so etwas wie ein österreichisches Selbstverständnis zu machen. Aufgabe eines politischen Leitbildes wäre es, ethische Motive, die Tradition, die geographische Lage und den globalen Wohlstandsrang Österreichs in einen dauernden und spontan reproduzierbaren Zusammenhang mit Frieden stiftenden und erhaltenden Aktionen, Hilfsmaßnahmen für Notleidende in anderen Teilen der Welt, aber auch mit der Behandlung von Minderheiten, Gastarbeitern und Flüchtlingen im eigenen Land zu bringen. Der junge Österreicher sollte wissen, daß hier sein kleines, aber vom Schicksal begünstigtes Land innerhalb seines Lebenszeitraumes eine große Aufgabe zu erfüllen hat, zu der auch er seinen persönlichen Beitrag zu leisten haben wird.

Als »Versuchsstation zur Weiterentwicklung der Demokratie« hat Österreich nach dem mißlungenen Experiment der Ersten Republik in der Zweiten Republik schon Anfangserfolge erzielen können. Aber auch hier besitzt Österreich im Vergleich zu älteren Demokratien noch einen historischen Nachholbedarf und angesichts der Fülle und Komplexität der auf demokratische Weise zu treffenden Entscheidungen noch einen zukünftigen Reformbedarf. Die Demokratie darf nicht zur Wahl zwischen kleineren Übeln verkümmern, die auf der einen Seite Apathie erzeugt und auf der anderen Seite Proteste hervorruft. Um ihrem Ruf, das lernfähigere politische System zu sein, tatsächlich gerecht zu werden, muß die Demokratie auch ihren Entscheidungsprozeß ständig verbessern. Ein politisches Leitbild muß anschaulich machen, wo in Gemeinden, in den Ländern und im Bund, in den Parteien und Verbänden und bei der Handhabung der Instrumente der direkten Demokratie der Bürger selbst durch Mitentscheidung Verantwortung übernehmen sollte und wie er die in seinem Namen Entscheidenden zur Verantwortung ziehen kann. Nicht zuletzt als Auslage einer Demokratie, die den unter einem anderen politischen System lebenden Völkern des Ostens Einblick gewährt, müßte es Österreichs Ehrgeiz sein, das Beispiel einer besonders lebendigen Demokratie zu bieten.

Der junge Österreicher, der kein anderes politisches System kennengelernt hat, mag an der Demokratie, so wie sie sich ihm heute darstellt, keinen besonderen Gefallen finden; doch er muß wissen, daß er aus dem demokratischen System nicht aussteigen kann, ohne einem anderen System in die Hände zu fallen. Und er muß auch wissen, daß sich das kollektive Unfallrisiko in seinem Lebenszeitraum erhöht, wenn seine Generation nicht von allen indirekten und direkten Möglichkeiten der Kontrolle und Mitsteuerung des demokratischen Willensbildungsprozesses entschieden Gebrauch macht.

Österreich als »Versuchsstation eines ökologischen Wiederaufbaus« drängt sich als natürliche Fortsetzung des ökonomischen Wiederaufbaus auf, der der älteren Generation als politisches Leitbild gedient hat. Ausgedient hat aber dabei nicht die Bereitschaft zur Leistung, die Voraussetzung jedes Wiederaufbaus ist. Es geht auch in Zukunft nicht nur darum, etwas zu verhindern oder vom Staat zu verlangen, sondern wieder einmal darum, etwas durch gemeinsame Anstrengungen, aber auch durch Einsicht in notwendige Verzichte zu erreichen. Die Verpflichtung, kommenden Generationen eine unversehrte Umwelt zu hinterlassen, kann nicht durch Zerstörung ökonomischer Existenzgrundlagen erfüllt werden, sondern nur dadurch, daß ökonomische Leistungen in neue, umweltgerechtere Bahnen gelenkt werden. Und nicht nur durch das, was man von anderen verlangt, sondern auch durch das, was man selbst zu unterlassen bereit ist, kann ein ökologischer Verhaltenskodex voll wirksam werden. Dem gesunden Ehrgeiz, Österreich als Lebensraum seiner Bewohner, aber auch als europäischen Erholungsraum in einer auch für andere Länder beispielhaften Weise zu erhalten und zu gestalten, sollten keine Grenzen gesetzt werden.

Der junge Österreicher, dem heute der ökologische Wiederaufbau mit Recht als die vordringlichste Aufgabe erscheint, muß jedoch aus der von ihm angeprangerten Fehlentwicklung auch lernen, daß keine Verabsolutierung als politisches Leitbild taugt. So entscheidend es auch für seinen Lebenszeitraum sein mag, eine durch menschliche Einwirkung erkrankte Umwelt wieder auszuheilen, so wenig darf er vergessen, daß er sich allein von der Umwelt nicht alles versprechen darf. Selbst eine im weitesten Sinne der natürlichen, bebauten und sozialen Umwelt verstandene heile Umwelt kann ihm noch keine heile Innenwelt bieten.

Wenn Österreich als »Versuchsstation eines lebenswerten Lebens« gesehen werden soll, bedarf es neben der existenzsichernden auch der der Existenz Sinn gebenden Voraussetzungen. Der Beitrag, den Österreicher zur kulturellen Bereicherung der Welt geleistet haben und leisten, rechtfertigt es, in Österreich auch in Zukunft eine »Versuchsstation der kulturellen Bereicherung des Lebens« zu sehen. Das reiche kulturelle Erbe dieses Landes künftigen Generationen nicht nur gepflegt, sondern vermehrt um die kulturellen Leistungen jeder lebenden Generation zu übergeben, bleibt eine Herausforderung. Ein politisches Leitbild kann hier freilich nur den Rang kennzeichnen, welcher der Kultur beigemessen wird, ohne selbst unmittelbar Kultur hervorbringen zu können. Volkskultur, Hochkultur und moderne Kultur sind allzu fließende Begriffe, um das, was das Wesen einer Kulturnation ausmacht, zu kennzeichnen, und Bildung, Förderung und Pflege sind nur Hilfsmittel, um den Rang einer Kulturnation zu erreichen. Erreicht werden kann er nur in einem gesicherten Freiraum, in dem sich schöpferische Kräfte entfalten können, und ohne jede Form der Zwangsbeglückung. Während materielle Güter verbraucht werden oder sich durch Gebrauch abnützen, geben kulturelle Güter immer wieder aufs neue den Wert ab, den sie besitzen, und vermehren sich durch die Zahl derer, die ihn zu schätzen wissen.

Die Wegwerfgesellschaft zu überwinden, ist eine Aufgabe, die sich dem jungen Österreicher nicht zuletzt in seiner Eigenschaft als Zeitkonsument stellt. Wieviel er von seiner frei verfügbaren Zeit jeweils welchen Zwecken widmen will – das ist keine Frage, die ihm die Politik beantworten kann, das rührt an die Vorfrage, was der eigenen Existenz Sinn zu geben vermag. Aus der kulturellen Perspektive sind die eigentlichen Schätze eines Landes seit Jahrhunderten angehäuft worden, jederzeit zu heben und Kraft der eigenen Begabung auch zu mehren.

Ein Überdenken der zukünftigen Rolle Österreichs und der Rolle, die der einzelne dabei zu spielen vermag, kann von solchen, aber auch von anderen Überlegungen ausgehen. Entscheidend bleibt allein, sich der historischen Stationierung der eigenen Existenz bewußt zu werden und der daraus ableitbaren Verpflichtung zu dem Versuch, sich die zukünftige Geschichte nicht vorschreiben zu lassen, sondern selbst mit zu beschreiben. Die freie Wahl, die Österreich vor vierzig Jahren in einem politisch noch engeren Sinne hatte, sollte Symbol bleiben für die Wahlmöglichkeiten, die es in einem freien und demokratischen Land in einer friedlichen Zukunft geben könnte. Diese Freiheit liegt nach einer Formulierung von Viktor E. Frankl zwischen einem Totalitarismus, unter dem die Menschen nur das tun können, was andere von ihnen wollen, und einem Konformismus, der sie dazu verleitet, nur das zu wollen, was andere tun. Diese Freiheit läßt sich nicht ein für allemal erringen und dann als Faulbett benützen. Diese Freiheit ist eine Gratwanderung, bei der weder das ferne Ziel aus dem Auge verloren noch der kleinste Schritt achtlos getan werden darf. Möge sie der jungen Generation von heute auch morgen gelingen.

Auswahlbibliographie

Bodzenta, Erich / Seidel, Hans / Stiglbauer, Karl: Österreich im Wandel. Wien 1985

Boulding, Kenneth: Die neuen Leitbilder. Düsseldorf 1958

Eppel, Peter / Lotter, Heinrich (Hrsg.): Dokumentation zur österreichischen Zeitgeschichte 1955–1980. Wien 1982

Ermacora, Felix: 20 Jahre Österreichische Neutralität. Frankfurt am Main 1975

Farnleitner, Johann: Die Paritätische Kommission. Eisenstadt 1977

Fischer, Heinz (Hrsg.): Das politische System Österreichs. Wien 1982

Gerlich, Peter / Müller, Wolfgang: Österreichs Parteien seit 1945. Wien 1983

Gruber, Karl: Zwischen Befreiung und Freiheit. Wien 1953

Gutkas, Karl: Die Zweite Republik. Wien 1985

Hawrylyshyn, Bohdan: Wegweiser in die Zukunft. Kronberg 1982

Heer, Friedrich: Land im Strom der Zeit. Wien 1958

Heindl, Gottfried: Und die Größe ist gefährlich. Wien 1969

Kägi, Erich A.: Demokratie durchleuchtet. Zürich 1984

Khol, Andreas / Stirnemann, Alfred (Hrsg.): Österreichisches Jahrbuch für Politik. Wien 1978–1983

Kindermann, Walter: Flug nach Moskau. Wien 1955

Klose, Alfred: Ein Weg zur Sozialpartnerschaft. Wien 1970

Kocensky, Josef (Hrsg.): Dokumentation zur österreichischen Zeitgeschichte 1945–1955. Wien 1980

Kofler, Anton: Parteiengesellschaft im Umbruch. Wien 1985

Koren, Stephan / Pisa, Karl /Waldheim, Kurt (Hrsg.): Politik für die Zukunft. Wien 1984

Mandl, Christoph (Hrsg.): Österreich – Prognosen bis zum Jahr 2000. Wien 1982

Marin, Bernd: Die Paritätische Kommission. Wien 1982

Matzner, Egon: Sozialpartnerschaft. In: Heinz Fischer (Hrsg.): Das politische System Österreichs. Wien 1983

Mayrzedt, Hans / Hummer, Waldemar: 20 Jahre österreichische Neutralitäts- und Europapolitik. Wien 1976

Mock, Alois / Steiner, Ludwig / Khol, Andreas (Hrsg.): Neue Fakten zu Staatsvertrag und Neutralität. Wien 1980

Mommsen-Reindl, Margareta: Die österreichische Proporzdemokratie und der Fall Habsburg. Wien 1976

Oberleitner, Wolfgang E.: Politisches Handbuch Österreichs 1945–1980. Wien 1981

ORF-Nachlese: Franz Joseph und seine Zeit. November 1984

Pelinka, Anton /Welan, Manfried: Demokratie und Verfassung in Österreich. Wien 1971

Plasser, Fritz / Ulram, Peter A.: Unbehagen im Parteienstaat. Wien 1982

Rauchensteiner, Manfried: Spätherbst 1956 – Die Neutralität auf dem Prüfstand. Wien 1981

Reichhold, Ludwig: Geschichte der ÖVP. Wien 1975

Renner Karl: Österreich von der Ersten zur Zweiten Republik. Wien 1953

Ritschel, Karl Heinz: Der Staatsvertragskanzler Julius Raab. Salzburg 1975

Schärf, Adolf: Österreichs Erneuerung. Wien 1955

Späni-Schleidt, Jürg: Die Interpretation der dauernden Neutralität durch das österreichische Parlament. Bern/Stuttgart 1983

SPÖ-Zentralsekretariat (Hrsg.): Österreich-Spiegel: Der österreichische Weg in die 80er Jahre. Wien 1979

Sternberger, Dolf: Grund und Abgrund der Macht. Frankfurt am Main 1962.

Stourzh, Gerald: Geschichte des Staatsvertrages, 1945–1955. Österreichs Weg zur Neutralität. Graz 1980

Weinberger, Lois: Tatsachen, Begegnungen und Gespräche. Wien 1948
Weissensteiner, Friedrich / Weinzierl, Erika (Hrsg.): Die österreichischen Bundeskanzler. Wien 1983
Withalm, Hermann: Aufzeichnungen. Graz 1973

Besonderen Dank schuldet der Autor Dr. Gerhard Artl für Quellenmaterial zu den Themen Bundesheer und Habsburg-Frage, Univ.-Prof. DDDr. Alfred Klose für in der Auswahlbibliographie nicht erwähnte schriftliche Unterlagen und mündliche Erläuterungen zum Thema Sozialpartnerschaft sowie Dr. Fritz Plasser für gleichfalls hier nicht aufgeführte schriftliche Unterlagen und Daten der empirischen Sozialforschung.

Personenregister